Markus Gabriel, né en 1980, est professeur d'épistémologie et de philosophie moderne et contemporaine à l'Université de Bonn en Allemagne. Il est l'auteur de *Pourquoi le monde n'existe pas*, *Pourquoi je ne suis pas mon cerveau*, *Pourquoi la pensée humaine est inégalable* et *Le Pouvoir de l'art*.

PROPOS RÉALISTES

DANS LA MÊME COLLECTION

ANDRIEU B., *Sentir son corps vivant. Emersiologie 1*, 2016.

ANDRIEU B., *La langue du corps vivant. Emersiologie 2*, 2018.

BARBARAS R., *La perception. Essai sur le sensible*, 2009.

BENOIST J., *Éléments de philosophie réaliste*, 2011.

BENOIST J., *L'adresse du réel*, 2017.

BINOCHE B., *Opinion privée, religion publique*, 2011.

BOURGEOIS B., *Sept questions politiques du jour*, 2017.

CASTILLO M., *Faire renaissance. Une éthique publique pour demain*, 2016.

CHAUVIER S., *Éthique sans visage*, 2013.

FISCHBACH F., *Philosophies de Marx*, 2015.

FISCHBACH F., *Après la production. Travail, nature et capital*, 2019.

GODDARD J.-Ch., *Violence et subjectivité. Derrida, Deleuze, Maldiney*, 2008.

HOTTOIS G., *Le signe et la technique. La philosophie à l'épreuve de la technique*, 2018.

KERVÉGAN J.-Fr., *La raison des normes. Essai sur Kant*, 2015.

LAUGIER S., *Wittgenstein. Les sens de l'usage*, 2009.

MEYER M., *Qu'est-ce que la philosophie ?*, 2018.

POUIVET R., *Après Wittgenstein, saint Thomas ?*, 2014.

MOMENTS PHILOSOPHIQUES

Markus GABRIEL

PROPOS RÉALISTES

Ouvrage publié avec l'aide
du CNRS (LIA CRNR – UMR 8103)
et de la Alexander von Humboldt Stiftung

PARIS
LIBRAIRIE PHILOSOPHIQUE J. VRIN
6 place de la Sorbonne, V[e]
2020

© *Librairie Philosophique J. VRIN*, 2020
Imprimé en France
ISSN 1968-1178
ISBN 978-2-7116-2871-1
www.vrin.fr

INTRODUCTION [1]

La philosophie actuelle présente de multiples projets qui tendent vers le thème du réalisme d'une manière nouvelle et positive. Pour schématiser, on peut différencier trois périodes du nouveau débat autour du réalisme en partant des débuts de la philosophie analytique et de la phénoménologie : une période métaphysique, une période sémantique, et une période que je désigne depuis peu sous le nom de « nouveau réalisme ».

La première période comprend toujours le réalisme comme une affirmation métaphysique. Le réalisme, en tant que thèse métaphysique, soutient *grosso modo* l'indépendance du monde par rapport à notre conscience. De façon plus subtile, il examine les domaines de notre réflexion et de notre discours à propos du monde en s'orientant vers ce qui, indépendamment de la conscience, appartient constitutivement au monde. J'appelle ce réalisme métaphysique « ancien réalisme » [2]. L'ancien réalisme admet la représentation selon laquelle il y a d'un côté un monde ou une réalité, et de l'autre la conscience qu'on en a. Il analyse ensuite des cas perceptifs qui

---

1. Traduit de l'allemand par Romain Le Doaré.
2. M. Gabriel, *Pourquoi le monde n'existe pas*, Paris, Lattès, 2015 et *Fields of Sense. A New Realist Ontology*, Edinburgh, Edinburgh University Press, 2015.

correspondent à des relations entre deux domaines appartenant à des catégories différentes. Compte tenu de ses postulats fondamentaux, le réalisme métaphysique se trouve contraint d'attribuer à la perception un aspect mental qui doit, d'une manière ou d'une autre, être suffisamment isomorphe à la réalité perceptible sous peine de tomber dans le scepticisme. Pour cette raison, l'ancien réalisme est enchevêtré dans les problèmes du scepticisme et fait ainsi du problème du monde extérieur son point de départ privilégié. Ce problème doit être résolu dans un premier temps pour pouvoir ensuite s'occuper de la structure de la réalité elle-même[1]. L'un des traits caractéristiques de l'ancien réalisme est précisément de prendre le problème du monde extérieur au sérieux (tout comme il prend au sérieux les variantes du problème de l'existence d'autrui, la question de Russell, qui consiste à se demander si le monde est là depuis plus de cinq secondes etc.) en tentant d'y apporter une réponse directe. Cette tentative a déjà été critiquée par le premier Wittgenstein et par Heidegger. Elle a également été mise à mal par Hilary Putnam d'une manière particulièrement efficace[2].

1. M. Gabriel (dir.), *Skeptizismus und Metaphysik*, Berlin, De Gruyter, 2011.

2. Voir mon texte sur Heidegger : M. Gabriel, « Le Tournant est il un projet réaliste ? », *Les Cahiers philosophiques de Strasbourg* 36/2 (2014), p. 215-242. Pour sa configuration générale et sa dialectique interne, voir les textes bien connus (à juste titre) de James Conant : « The Search for Logically Alien Thought : Descartes, Kant, Frege and the Tractatus », *Philosophical Topics* 20/1 (1991), p. 115-180 ; « The Dialectic of Perspectivism, I », *SATS. Nordic Journal of Philosophy* 6/2 (2005), p. 5-50 ; « The Dialectic of Perspectivism, II », *SATS. Nordic Journal of Philosophy* 7/1 (2006), p. 6-57 ; « Two Varieties of Skepticism », dans G. Abel et J. Conant (dir.), *Rethinking Epistemology*, vol. 2, Berlin, De Gruyter, 2012, p. 1-73.

Le talon d'Achille de l'ancien réalisme se laisse facilement reconnaître. Il établit une thèse métaphysique – la thèse de l'indépendance de la conscience par rapport au monde extérieur – sur fond d'une distinction de catégorie. Cette distinction oppose l'esprit et le monde. Le mental se voit généralement caractérisé comme une entité hors-monde pour recevoir ensuite la possibilité de se transcender lui-même, et d'entrer en contact avec le monde d'une quelconque façon (que ce soit directement ou par plusieurs étapes). Mais le mental lui-même ne peut pas appartenir au monde. Immédiatement se pose la question de savoir comment l'esprit peut rester en rapport avec quelque chose dont il est catégoriellement différent. Il est ici inutile de postuler une relation causale ou même une sorte d'index mental au service de la glande pinéale. Car si l'esprit et le monde sont catégoriellement différents – le premier en tant que conscience dépendante du domaine spirituel, le second en tant que réalité indépendante du domaine spirituel – alors la manière dont l'esprit doit s'unir au monde ou le monde à l'esprit a tout d'un processus mystérieux. Il n'existe jamais de connexion causale entre deux catégories. Il y a une raison simple à cela : les catégories distinguent les objets de notre pensée dans des domaines différents par principe. C'est valable pour la doctrine des catégories depuis Aristote. Par conséquent, les catégories ne comportent déjà pour Aristote aucune spécification d'un genre supérieur. τὸ ὄν λέγεται πολλαχῶς signifie que l'être n'est pas un genre, autrement dit un concept sous lequel est subsumé tout ce qui est. Selon Aristote, si tout ce qui est avait effectivement un contenu déterminé, alors tout aurait au moins la détermination d'être un quelque chose qui est. Sinon dire de l'être qu'il est un genre n'est pas compréhensible. Comment passe-t-on de l'être au niveau supérieur? En tout cas, la solution qui consiste à différencier substantiellement quelque chose qui, dans l'ordre ontologique, est subsumé sous l'être d'avec quelque chose d'autre ne fonctionne pas. Cette solution a donc recours à quelque chose de pire : à côté de l'être comme genre et de ses espèces, il y aurait encore d'autres différences spécifiques grâce auxquelles le genre ferait à son tour l'objet de différenciations. Mais dans ce cas se pose la question de savoir comment effectuer ces différences spécifiques. Dans le cas où ces différences spécifiques sont déjà des espèces subsumées sous le concept d'être, on ne peut pas résoudre le problème de la façon dont l'être se différencie en espèces. C'est pourquoi Aristote présente les catégories comme étant par essence ce qu'on ne peut que concevoir comme rhapsodie [1]. Cette présentation est problématique pour Kant qui tâtonne toutefois lorsqu'il cherche à établir un rapport à un concept supérieur à partir d'une déduction des catégories.

À un endroit central et pourtant sous-estimé jusqu'à aujourd'hui dans sa signification systématique, Kant écrit :

---

1. Kant, « Critique de la raison pure », trad. fr. Alexandre J.-L. Delamarre et Fr. Marty, dans Kant, *Œuvres philosophiques*, tome I : *Des premiers écrits à la Critique de la raison pure (1747-1781)*, F. Alquié (éd.), Paris, Gallimard, 1980, p. 835, A 81/B 107 : « C'était un dessein digne d'un esprit aussi pénétrant que celui d'*Aristote*, que de rechercher ces concepts fondamentaux. Mais comme il n'avait aucun principe, il les rassembla précipitamment, comme ils lui venaient, et en produisit d'abord dix, qu'il nomma *catégories* (prédicaments). Par le suite, il crut en avoir encore trouvé cinq, qu'il ajouta sous le nom de postprédicaments. Mais sa table resta encore lacunaire. »

On peut regarder chaque concept comme un point qui, tel le point de vue d'un spectateur, a son horizon, c'est-à-dire une multitude de choses qui peuvent être représentées et comme embrassées du regard à partir de ce point. Dans l'intérieur il doit pouvoir être donné une multitude de points qui va à l'infini, et dont chacun à son tour a son horizon plus étroit, ce qui revient à dire que chaque espèce contient des sous-espèces, suivant le principe de la spécification, et que l'horizon logique ne se compose que d'horizons plus petits (de sous-espèces), mais non de points qui n'ont pas de circonscription (d'individus). Mais à divers horizons, c'est-à-dire à divers genres déterminés par autant de concepts, on peut concevoir un horizon encore plus commun, d'où on les embrasse tout comme d'un point central, et qui est le genre supérieur, jusqu'à ce qu'on atteigne enfin le genre le plus haut, qui est l'horizon universel et vrai, qui est déterminé du point de vue du concept le plus élevé et comprend sous lui toute la variété des genres, des espèces et des sous-espèces. C'est à ce point de vue le plus élevé que me conduit le loi de l'homogénéité ; celle de la spécification me conduit à tous les points de vue inférieurs et à leur plus grande variété[1].

Les fondements logico-sémantiques de l'ancien réalisme métaphysique reposent sur l'affirmation erronée selon laquelle il y aurait un ultime ensemble de notre dispositif catégoriel. Il y aurait en dernier lieu un concept supérieur qui se diviserait en catégories pour lesquelles nous trouverions à nouveau les structures relationnelles adaptées pour unir le monde à l'esprit[2].

---

1. *Ibid.*, p. 1252, A 658/B 686.
2. Contre le projet de faire des catégories quelque chose de recevable ayant pignon sur rue, *cf.* J. Westerhoff, *Ontological Categories. Their*

L'ancien réalisme métaphysique est malheureusement toujours en vogue et cherche aujourd'hui, sous une forme zombifiée, un refuge dans la maison de la métaphysique analytique [1]. Ce phénomène explique la conjoncture actuelle du concept de substance qui est historiquement et systématiquement rattaché à tort au néo-aristotélisme métaphysique [2]. L'idée de repenser le concept de substance comme genre et de considérer à nouveau les différences catégorielles entre l'esprit et le monde comme deux sortes de substances ne provient précisément pas d'Aristote, mais constitue une innovation du début de l'époque moderne, due en particulier – c'est bien connu – à Descartes et Spinoza, qui ont compris à tort les distinctions catégorielles comme ruptures métaphysiques au sein du concept de substance.

À l'encontre de cette conception, la *seconde période* du renouveau de la discussion sur le réalisme souligne avec raison que les différences catégorielles ne sont pas métaphysiques. Les entités hypostasiées sous le titre d'« esprit » et de « monde » ne sont autre que des grossiers contours esquissés dans les régions de notre discours. Le tournant sémantique est souvent associé

Nature and Significance, Oxford-New York, Oxford University Press, 2005. Voir également O. Bueno, J. Busch, S. Shalkowski, « The No-Category Ontology », *The Monist* 98 (2015), p. 233-245.

1. Comme l'a souligné à juste titre Huw Price dans « Metaphysics after Carnap : the Ghost Who Walks ? », *in* D. Chalmers, D. Manley, R. Wasserman (dir.), *Metametaphysics. New Essays on the Foundations of Ontology*, Oxford-New York, Oxford University Press, 2009, p. 320-346.

2. Tuomas E. Tahko (dir.), *Contemporary Aristotelian Metaphysics*, Cambridge, Cambridge University Press, 2012.

aux contributions de Michael Dummett[1]. Elles ont assurément conduit à ce que les critères de réalisme et anti-réaliste de Dummett au sens étroit se soient imposés. Il en reste l'idée générale selon laquelle le réalisme n'est pas une thèse sur la configuration ou sur la constitution générale de la réalité. Il ne s'agit pas d'indépendance ou de dépendance de la conscience, mais de la manière dont nous attribuons des conditions de vérité aux structures par lesquelles nous y accédons (les pensées chez Frege, les affirmations, les propositions, les théories, les avis, etc). Mais que signifie concrètement pour une telle structure admise de s'aligner sur la norme de la réalité et pour des règles déterminées d'équivalences logiques comme

(E) « p » est vrai seulement si p

d'en dépendre ? La capacité pour une pensée d'être vraie ne peut exclusivement se limiter au fait d'être en contact avec quelque chose qui n'est pas une pensée, puisque dans ce cas, toute pensée serait en définitive vraie par hasard. Elles ne pourraient pas avoir les valeurs de vérité qu'elles ont par essence, autrement dit elles ne pourraient pas les recevoir par la manière dont elles sont individuées en tant que pensées que nous exprimons ou saisissons, lorsque nous disons quelque chose comme « Macron vit à Paris » ou « 7 + 5 = 12 ».

Bien sûr, il reste ici encore une marge de négociation. Les pensées sont-elles toutes individuées par essence à partir de leur valeur de vérité factuelle ou bien sont-elles

---

1. Voir en particulier M. Dummett, « Realism », *Synthese* 52/1 (1982), p. 145-165. C. Wright, dans *Truth and Objectivity*, Cambridge (Mass.)-London, Harvard University Press, 1992 nous donne à mon avis la plus convaincante mise au point du cadre conceptuel (*conceptual framework*) de la corruption dummettienne du réalisme.

finalement neutres par rapport à leur valeur de vérité factuelle ? Quoi que l'on décide, ce débat demeure dans les limites d'une recherche logico-sémantique. On tente effectivement de voir par ascension sémantique (*semantic ascent*) si une région du discours doit être classée comme réaliste ou non-réaliste. Le réalisme ordonne les structures qui peuvent donner accès à la vérité d'une telle façon qu'une réalité soit directement appréhendée. Aucun chemin ne mène par conséquent de la pensée vraie à la réalité. C'est bien plutôt que ce chemin est déjà du côté de la réalité. Dans le cas de l'anti-réalisme s'ajoute un composant supplémentaire que nous pouvons nommer « filtre ». Les anti-réalistes moraux pensent donc que nous ne sommes pas directement en présence d'une réalité lorsque nous disons que nous accordons le droit d'asile à des réfugiés en provenance de pays en guerre civile, ou qu'aucun nouveau-né ne doit être torturé etc. Au contraire, nous sommes en présence d'une réalité qui implique un filtre seulement lorsque notre appartenance à un quelconque groupe (qui peut être l'humanité en général) ou à une quelconque pratique discursive sert la montée en puissance et du même coup les intérêts d'un quelconque groupe (qui peut être l'humanité en général). Globalement, les anti-réalistes comprennent tout contact admis avec la réalité comme une construction, autrement dit comme la mise en place de conditions de vérité.

Le réaliste sémantique global pense à l'inverse qu'il est au bout du compte dépourvu de sens de penser qu'on pourrait établir des conditions de vérité de manière générale. Qu'une pensée soit vraie ou fausse n'est jamais la conséquence d'un acte de pensée humain. On peut s'appuyer ici sur la célèbre manœuvre de Frege contre le psychologisme qui montre qu'à chaque fois que la question de la vérité entre en jeu, une différence principielle (catégorielle!) entre la vérité et le fait de tenir-pour-vrai doit être faite. [1] Pour des motifs similaires, Davidson le comprend comme une obligation de réalisme « dans tous les domaines » [2]. À la suite de ces débats sémantiques, j'ai moi-même également défendu des positions proches de l'œuvre monumentale de Friedrich Koch *Versuch über Wahrheit und Zeit*, dans laquelle les travaux remarquables de Hans-Peter Falk (en particulier *Wahrheit und Subjektivität*) transparaissent en arrière-plan [3]. J'introduis ce paysage philosophique parce qu'aujourd'hui encore, une bonne partie de la philosophie contemporaine de langue allemande reste méconnu en France (et réciproquement). C'est particulièrement valable pour la transformation et continuité du projet de la soi-disant école de Heidegger à laquelle des auteurs comme Dieter Henrich, Hans-Georg Gadamer et Ernst Tugendhat ont globalement contribué. Ils menaient des recherches sur les projets logico-sémantiques de l'Après-

---

1. C. Travis, *The Invisible Realm. Frege on the Pure Business of Being True*, à paraître.

2. D. Davidson, « Un théorie cohérentiste de la vérité et de la connaissance », dans B. Ambroise, S. Laugier (dir.), *Philosophie du langage. Signification, vérité et réalité*, Paris, Vrin, 2009, p. 310.

3. Anton F. Koch, *Versuch über Wahrheit und Zeit*, Paderborn, Mentis, 2006; H.-P. Falk, *Wahrheit und Subjektivität*, Freiburg-München, Karl Alber, 2010. Concernant le débat entre Koch et moi-même : Anton F. Koch, « Neutraler oder hermeneutischer Realismus ? », *in* T. Buchheim (dir.), *Jahrbuch-Kontroversen 2. Markus Gabriel : Neutraler Realismus*, Freiburg-München, Karl Alber, 2016, p. 83-92; M. Gabriel, « Repliken auf Beisbart, García, Gerhardt und Koch », dans T. Buchheim (dir.), *Markus Gabriel : Neutraler Realismus*, *op. cit.*, p. 106-149.

guerre dans le cadre d'entreprises philosophiques d'envergure[1].

Je désigne sous le nom de « nouveau réalisme » la *troisième période* du réalisme. Je considère comme nouveaux réalismes, nés dans les dix dernières années, aussi bien ce qui a été connu sous le nom de « réalisme spéculatif » que les conceptions plus générales d'un réalisme de raison ou plutôt d'un réalisme des faits, telles que Thomas Nagel et Paul Boghossian les avaient présentées. Les travaux de Jocelyn Benoist et de Charles Travis appartiennent évidemment à cette époque. Tous deux participent à l'union de la profonde contextualité de notre pensée et de notre discours à la réalité non-linguistique et non-conceptuelle, connue de manière paradigmatique au travers de l'étude de la perception[2]. L'adressement du réalisme sur la perception

---

1. À partir de cet axe, on trouve, pensée à nouveau frais, une impressionnante prise de position théorique chez Anton Friedrich Koch, *Hermeneutischer Realismus*, Tübingen, Mohr Siebeck, 2014. Mis à part l'influence philosophique que j'ai reçue à Heidelberg, à laquelle s'est succédée une formation new-yorkaise, la position théorique de Wolfram Hogrebe influence aussi en arrière-plan mes travaux concernant le nouveau réalisme. Déjà au cours des années soixante-dix, il faisait passer la sémantique dans une ontologie qui refusait toute numérisation, autrement dit qui résistait à tout transfert dans une théorie de la réalité en tant qu'arrangement discret d'une seule et même chose bien précise et indépendante de la conscience. Voir en particulier : *Archäologische Bedeutungspostulate*, Freiburg/München, Karl Alber, 1977 et *Prädikation und Genesis. Metaphysik als Fundamentalheuristik im Ausgang von Schellings « Die Weltalter »*, Frankfurt am Main, Suhrkamp, 1989. Concernant le débat récent entre Hogrebe et le nouveau réalisme, cf. *Philosophischer Surrealismus*, Berlin, Akademie, 2014 et *Metaphysische Einflüsterungen*, Frankfurt am Main, Vittorio Klostermann, 2017.

2. Pour un panorama des différents points de vue, *cf.* M. Gabriel (dir.), *Der Neue Realismus*, Berlin, Suhrkamp, 2014.

chez Maurizio Ferraris tout comme la reconnaissance d'un constructivisme dans l'ontologie sociale apportent également une contribution systémique au nouveau réalisme. L'innovation du réalisme spéculatif est redevable à l'impulsion opérée dans ce sens par Alain Badiou, ainsi qu'à Quentin Meillassoux par son ouvrage novateur *Après la finitude*[1].

Je ne souhaite pas ici faire une archéologie du présent. Je propose au contraire un diagnostic systématique selon lequel l'innovation du nouveau réalisme consiste, d'une manière générale, aussi bien à reconnaître le niveau de l'analyse sémantique méthodologique qu'à envisager une incursion dans le domaine métaphysique ou ontologique. Le nouveau réalisme considère notre pensée et notre discours comme des cas de réalité. Nous agissons aussi en tant qu'êtres pensants dans l'espace du réel. Par conséquent, on ne peut absolument pas établir une différence sensée entre le réel et la pensée, comme si la pensée n'était autre qu'un intrus dans le magnifique ordre causal d'ordinaire fermé sur lui-même. Ainsi se voit rejetée l'idée selon laquelle la réalité serait identique avec l'ordre causal (prétendument existant), tel qu'il a été perçu aux yeux des philosophes naturalistes (mais pas nécessairement aux yeux des scientifiques) au sein des sciences naturelles. Je désigne le domaine d'objets appartenant à l'ensemble des sciences de la nature par le terme « univers »[2]. Le nouveau réalisme admet que l'univers n'est pas identique à la réalité. À

---

1. A. Badiou, *L'être et l'événement*, Paris, Seuil, 1988 ; A. Badiou, *Logiques des mondes. L'être et l'événement, 2*, Paris, Seuil, 2006 ; Q. Meillassoux, *Après la finitude. Essai sur la nécessité de la contingence*, Paris, Seuil, 2006.

2. M. Gabriel, *Pourquoi le monde n'existe pas*, *op. cit.*, p. 18.

la réalité n'appartient pas seulement ce qui peut être expliqué scientifiquement et classé de préférence en tant qu'élément d'un ordre causal, qui devrait être par principe analysé sans aucun point de vue, à travers le prisme d'une objectivité maximale. C'est même valable pour les conceptions naturalistes proches du réalisme spéculatif. Quentin Meillassoux présente en effet un réalisme incompatible avec l'affirmation d'une causalité clause sur elle-même. Sa raison pour être réaliste exclut le naturalisme standard comme option. À vrai dire, il semble avoisiner l'émergentisme, étant donné qu'il a bien concédé l'existence irréductible de l'esprit. Néanmoins, cette existence ne résulte pas pour lui de processus nécessaires qui peuvent être conçus par principe comme des éléments d'un ordre continu et modalisable d'après une nécessité [1].

Quoi qu'il en soit, nous en arrivons maintenant à ma propre contribution au nouveau réalisme et à certaines objections et discussions qui ont récemment eu une importance décisive [2]. Au point de départ de l'ontologie des champs de sens, élaborée en particulier dans *Sinn und Existenz*, se trouve l'idée selon laquelle seul un réalisme neutre devrait être soutenu. Le réalisme neutre considère que les régions de la pensée et du discours dont il a été

---

1. M. Ferraris, *Emergenza*, Turin, Giulio Einaudi, 2016.
2. Il en résulte entre autres : T. Buchheim (dir.), *Markus Gabriel : Neutraler Realismus*, *op. cit.* ; P. Gaitsch, S. Lehmann, Ph. Schmidt (dir.), *Eine Diskussion mit Markus Gabriel. Phänomenologische Positionen zum Neuen Realismus*, Wien-Berlin, Turia + Kant, 2017 ; M. Gabriel dans J. Maclure (dir.), *Le néo-existentialisme. L'esprit humain après l'échec du naturalisme*, avec les contributions de J. Benoist, A. Kern, C. Taylor, Québec, Les Presses de l'Université Laval, 2019.

question dépendent précisément de paramètres réalistes, qui dépendent à leur tour de normes de vérité et de justification déterminant si l'exercice d'une succession d'actes épistémiques est une réussite ou un échec. Nous devons être réalistes lorsque nous estimons que ce à quoi nous pensons n'a pas nécessairement la forme de notre pensée, où il y a par conséquent une « possible divergence entre la vérité et le fait de tenir-pour-vrai » [1].

Le réalisme neutre n'est pas une théorie de la réalité dans laquelle il y aurait différents niveaux d'objets. Ainsi, il n'affirme pas non plus que la réalité est un domaine général d'objets et de faits qui seraient indépendants de nos points de vues ou de nos états mentaux dans leur ensemble au sens de l'expression souvent employée de manière imprécise de « monde extérieur ». Le réalisme neutre ne porte pas sur la composition spécifique de la réalité.

Cependant, il n'est ni une simple thèse formelle ni une hypothèse, dans la mesure où les deux thèses principales de l'ontologie des champs de sens sont les suivantes :

> 1) Nous nous référons au réel – donc à ce qui existe – de telle manière qu'il est possible de nous tromper à son égard (réalisme ontologique).
> 2) Il n'y a pas de domaine d'objet singulier et/ou universel duquel découlerait une réalité ou un monde (pluralisme ontologique).

Le réalisme ontologique des champs de sens se fonde sur un recours à ma version d'un *argument tiré de*

---

1. M. Gabriel, *An den Grenzen der Erkenntnistheorie. Die notwendige Endlichkeit des objektiven Wissens als Lektion des Skeptizismus*, Freiburg-München, Karl Alber, 2014, p. 79.

la facticité[1]. On peut esquisser cette argumentation de la manière suivante. L'anti-réalisme considère qu'une région particulière du discours, par la forme discursive de la référence à l'objet qu'elle thématise en elle-même, est ontologiquement engagée. Voilà qui sonne comme certaines théories de la projection telles que les bonnes vieilles doctrines des qualités secondes. Pour faire vite, une théorie de la projection des couleurs soutient que, dans la réalité, il n'y a pas de vert, de rouge, etc., mais seulement des structures mathématiquement descriptibles qui sont éprouvées à partir de notre registre sensoriel en tant que vert, rouge etc. La forme discursive de la référence aux couleurs doit mettre cela au compte d'un anti-réalisme des couleurs parce que, dans le cas contraire, on commet l'erreur de tenir quelque chose qui n'existe qu'au sein de notre registre sensoriel pour quelque chose qui appartient au registre de la réalité, à sa configuration indépendante[2]. L'anti-réalisme des valeurs adopte une position similaire, selon laquelle la réalité elle-même est axiologiquement

1. M. Gabriel, « Existenz, realistisch gedacht », *in* M. Gabriel (dir.), *Der Neue Realismus, op. cit.*, p. 171-199 ; *infra*, « Pour un réalisme neutre ». Voir aussi T. Nagel pour des arguments semblables : T. Nagel, *The Last Word*, Oxford-New York, Oxford University Press, 1997 ; P. Boghossian, *La peur du savoir. Sur le relativisme et le constructivisme de la connaissance*, Marseille, Agone, 2009 ; M. Frank, « Ein Apriori-Argument für den globalen Realismus. Folgerungen aus Sartres "ontologischem Beweis" », *in* M. Gabriel (dir.), *Der Neue Realismus, op. cit.*, p. 154-170 ; Q. Meillassoux, *Après la finitude, op. cit.* Lors d'une discussion, Quentin Meillassoux m'a fait me rendre compte que nos versions d'un argument pour le réalisme ne sont pas transposables terme-à-terme. J'ai prévu de reprendre ailleurs et dans le détail les différents arguments tirés de la facticité.

2. À propos de la différence entre registre et indépendance de la configuration de la réalité, *cf.* M. Gabriel, « Repliken auf Beisbart, García, Gerhardt und Koch », *op. cit.*

neutre ou non-axiologique. Évaluer des situations sociales ou des actions morales et se les représenter à la lumière d'une détermination normative générale (dans ce cas à l'aide de valeurs) revient en conséquence à dire quelque chose à propos de nous, mais non à propos de la réalité. C'est en ce sens que les couleurs et les valeurs sont des projections. Par conséquent, elles sont tout de même tenues pour des objets de la pensée, qui doivent néanmoins se situer hors du domaine de la réalité, de telle sorte que nous ne commettons jamais d'erreurs de constitution.

Même si plusieurs versions d'un tel anti-réalisme étaient plausibles, cela ne signifierait pas pour autant que, dans l'essence de notre pensée en tant que telle, tout ce que nous pouvons insérer dans le médium d'une référence capable de donner une valeur de vérité au sein de l'espace discursif soit caractérisé par la forme de notre intervention. L'anti-réalisme ne peut être généralisé et ne peut valoir par lui-même en tant que thèse sur la théorie de la connaissance. Pour pouvoir revendiquer une quelconque validité, il doit être restreint à certains domaines.

C'est pourquoi l'anti-réalisme des couleurs et l'anti-réalisme des valeurs vont habituellement de pair avec un naturalisme. En effet, tout ce qui porte la marque de l'homme doit être soutenu par des résultats de recherches issus des sciences naturelles ou au moins par un renvoi général à la conception moderne de la science.

Mais à présent, la question est de savoir pourquoi un quelconque anti-réalisme pourrait encore être plausible. En effet, les sciences de la nature ne nous avancent en rien lorsqu'il s'agit de savoir quels éléments d'une image du monde sont « construits » ou « projetés ».

Elles donnent dans le meilleur des cas du savoir sous la forme de science. Ce savoir ne peut subsister qu'en relation avec ce qui est le cas. Ainsi, il ne peut jamais être question de ce qui n'est pas analysable selon les sciences naturelles. Si les couleurs et les valeurs n'appartenaient pas à la réalité sous prétexte qu'elles ne peuvent pas être scientifiquement fondées, alors les mécanismes de projection ne peuvent, *ipso facto*, relever à leur tour des sciences naturelles. Dans le domaine d'objets de la science moderne, les couleurs et les valeurs ne peuvent en définitive jamais découler des hypothèses. Il ne peut pas y avoir de connaissance scientifique qui traite des couleurs ou des valeurs en tant que qualités secondes dues à un mécanisme de projection.

L'alternative consiste à naturaliser les mécanismes de projection, autrement dit à les considérer aussi comme objets des sciences naturelles ; projet particulièrement radical, à l'image de ce que Freud avait en tête dans *Esquisse d'une psychologie scientifique*, tenu de nos jours pour réalisable par certains neuroscientifiques [1]. Pourtant, on a systématiquement inclus les qualités secondes prétendument irréelles dans le domaine de la réalité – domaine auquel appartiennent les qualités premières, de telle sorte qu'on ne comprend pas bien pourquoi les qualités secondes seraient plus ou moins réelles.

Derrière cette dialectique se cache une théorie structurelle plus générale. Celui qui s'écarte du réalisme dans un quelconque domaine exclut du même coup une série d'objets de son observation et la délègue à une

---

1. Voir S. Freud, *Esquisse d'une psychologie*, Toulouse, Erès, 2011 et Eric R. Kandel, *Psychiatry, Psychoanalysis, and the New Biology of Mind*, Arlington, American Psychiatric Association Publishing, 2005.

observation de second niveau. Ce qu'on qualifie au premier abord de « réel » se dégrade en une conjecture, passe du statut de *truth* au statut de *posit* au sens quinien [1]. Cette opération présuppose néanmoins que les deux domaines soient comparables. Ce caractère comparable est seulement donné lorsqu'un domaine permet de constater une asymétrie entre les deux domaines de départ. Le domaine dans lequel on attribue des domaines à ceux qui sont réalistes d'un côté et ceux qui sont anti-réalistes de l'autre ne peut pas être lui-même conçu comme anti-réaliste, puisque, dans le cas contraire, une inacceptable régression apparaîtrait, comme l'a remarqué l'un des premiers Fichte dans sa *Doctrine de la science* de 1804. Dans cet ouvrage, Fichte introduit également l'expression de « facticité » (*Faktizität*) dans le langage philosophique [2].

À un niveau plus élevé, nous devons donc postuler à un moment ou à un autre un domaine réaliste dans lequel nous nous situons nous-mêmes lorsque nous voulons introduire une distinction entre réalisme et anti-réalisme. Cela pose la question suivante : pourquoi devrions-nous situer l'accès à l'irréductibilité du réalisme avant tout sur le plan du second ou troisième niveau de réflexion ? Puisque nous devons de toute façon éviter une régression, autant l'éviter en amont, au niveau même de l'objet. Nous

---

1. Willard V. O. Quine, *Le Mot et la Chose*, Paris, Flammarion, 1977, chapitre 1.

2. Johann G. Fichte, « *Die Wissenschaftslehre. Zweiter Vortrag im Jahre 1804 vom 16. April bis 8. Juni* », in J. G. Fichte, *Gesamtausgabe der bayerischen Akademie der Wissenschaften*, vol. II. 8, R. Lauth, H. Gliwitzky (dir.), Stuttgart-Bad Cannstatt, Frommann-Holzboog, 1985, p. 46.

sommes théoriquement légitimés dans cette démarche par la nécessité d'éviter la régression.

On obtient ainsi un avantage discursif en faveur du réalisme ontologique par opposition aux inutiles subtilités qui affirment que nous devons reconnaître, avant toute chose, le cercle corrélationniste ou la réflexion transcendantale afin d'attribuer, sur le plan théorique, un statut réaliste à son auto-fondation [1]. Par notre irréductible contact avec la réalité, nous sommes en situation de garantir que nous pensons déjà au niveau de l'objet et non dans un espace vide. La perception n'est pas une construction qui masque la réalité que seule la réflexion nous rendrait accessible. Au contraire, notre perception modalement différenciée implique déjà quelque chose qui appréhende du réel au sein même du réel.

Le pluralisme ontologique est soutenu par des arguments qui se fondent généralement sur l'idée que nous n'avons aucune bonne raison de réduire les domaines de la réalité que nous reconnaissons en amont (de façon pré-philosophique et par suite de façon pré-ontologique). Sans grande surprise, je nomme ici « champ de sens » les différents domaines de la réalité. Je reviendrai par la suite sur le concept de sens. À ce stade, on peut se contenter de dire qu'il existe au minimum deux domaines d'objets lorsque les règles sous lesquelles des objets déterminés de notre connaissance sont structurés peuvent, par principe, ne pas valoir pour d'autres objets. La relation entre les nombres et, disons, les galaxies, peut fournir un exemple de cette forme d'irréductibilité ontologique. Les lois des

---

1. C'est vraisemblablement l'une des différences essentielles entre l'argument de Quentin Meillassoux et le mien, celui de l'argument tiré de la facticité, dans la mesure où Quentin Meillassoux emprunte la voie du cercle corrélationniste que j'exclus de prime abord en la considérant comme une construction erronée.

mathématiques, qui peuvent à leur tour être subdivisées en différents domaines, sont telles que nous pouvons certes compter des galaxies, mais que les galaxies ne sont toutefois pas elles-mêmes des nombres et inversement. Les galaxies n'appartiennent pas au domaine d'objet des mathématiques pures, tout comme il est impossible d'observer des nombres en astrophysique. D'une manière pré-philosophique, un nombre indéfini de champs de sens avec lesquels nous maintenons une relation épistémique peuvent être désignés : des objets historiques comme l'Union Européenne, des objets littéraires comme *La comédie humaine*, les maux de ventre, le passé, les sensations gustatives lors d'une dégustation de vin, etc. Pour qu'une réduction à un unique domaine de réalité – la réalité comme champ de sens universel (le monde) – puisse avoir lieu, on devrait disposer d'une bonne raison, telle que tout ce qui à première vue existe et peut être répertorié dans une liste puisse être finalement inséré dans un unique panorama. De fait, nous ne disposons pas d'une telle bonne raison.

À présent, il nous faut aborder le concept de « sens ». Pour comprendre ce qu'est le « sens » d'un « champ de sens », on peut employer à nouveaux frais *l'allégorie du cube*, que j'utilise souvent. Nous pensons ici à une réflexion bien connue à laquelle Putnam a conféré une place centrale [1]. Devant moi se trouve une bouteille d'eau. Si nous nous demandons maintenant combien d'objets se trouvent devant moi, là où j'ai situé une bouteille d'eau, nous nous apercevons rapidement qu'on

---

1. M. Gabriel, *Fields of Sense*, *op. cit.*, p. 223-225 ; H. Putnam, « Vérité et convention », dans H. Putnam, *Le réalisme à visage humain*, trad. fr. Cl. Tiercelin, Paris, Gallimard, 1994, p. 240-251 ; H. Putnam, *L'éthique sans l'ontologie*, trad. fr. P. Fasula (dir.), Paris, Cerf, 2013, p. 61-84.

ne peut répondre à cette question en utilisant uniquement le concept formel d'objet. C'est pour cette raison que Wittgenstein qualifie ce dernier de « pseudo-concept ». Il écrit dans la proposition 4.1272 du *Tractatus* :

> Ainsi le nom variable « x » est le signe propre du pseudo-concept *objet*.
>
> Chaque fois que le mot « objet » (« chose », « entité », etc.) est correctement employé, il est exprimé dans l'idéographie par le moyen du nom variable.
>
> Par exemple dans la proposition : « Il y a deux objets qui… », au moyen de « $(\exists x, y)$… »
>
> Chaque fois qu'il en est autrement, qu'il est donc utilisé comme nom de concept propre, naissent des pseudo-propositions dépourvues de sens.
>
> Ainsi ne peut-on dire : « Il y a des objets », comme on dit par exemple : « Il y a des livres. » Et encore moins : « Il y a 100 objets » ; ou : « Il y a $\aleph_0$ objets. »
>
> Et il est dépourvu de sens de parler du *nombre de tous les objets*.
>
> Il en est de même pour les mots « complexe », « fait », « fonction », « nombre », etc.
>
> Tous dénotent des concepts formels et sont présentés dans l'idéographie par des variables, et non par des fonctions ou des classes. (Comme le croyaient Frege et Russell.)
>
> Des expressions comme : « 1 est un nombre », « Il n'y a qu'un seul zéro », et toutes celles du même genre sont dépourvues de sens.
>
> (Il est tout aussi dépourvu de sens de dire : « Il n'y a qu'un seul 1 » qu'il serait dépourvu de sens de dire : « 2 + 2 est, à 3 heures, égal à 4 »)[1].

---

1. L. Wittgenstein, *Tractatus logico-philosophicus*, trad. fr. G. Gaston Granger, Paris, Gallimard, 1993, 4.1272, p. 61.

La question « combien y a-t-il d'objets ? » ne trouve de réponse que si l'on dispose d'une règle permettant de structurer des objets, qui nous renseigne sur ce qui vaut à titre d'objet, autrement dit à titre de ce sur quoi une proposition vraie peut être formulée[1]. Le problème ne peut pas être contourné en rangeant les règles d'ordonnancement du nombre de ce qui se situe sur le plan de l'objet (des tables, des fermions, des bouteilles d'eau, etc.). En effet, la question « sous quelles conditions ?, et par conséquent selon quelles règles structurantes ?, les règles structurantes sont elles-mêmes structurées » se poserait immédiatement.

Cela ne signifie toutefois pas qu'en raison de pratiques discursives ou d'une quelconque activité en général, nous marquons du sceau d'« objet du monde » tout amas de choses informe. Il n'y a pas de flux informe de l'expérience vers lequel nos concepts convergent de telle manière que nous pouvons trouver dans ce flux des poissons et des pierres. Plus précisément, nous avons évidemment besoin de concepts pour différencier explicitement le poisson de la pierre. Mais il ne s'ensuit pas pour autant que nous produisons la différence entre le poisson et la pierre. Il y a une différence entre les différences réelles et les différences conceptuelles. Nous pouvons donc modifier nos concepts face à une réalité récalcitrante (cela s'accorde d'ailleurs avec le réalisme ontologique).

Le réalisme ontologique des champs de sens est donc tout sauf naïf. En règle générale, un réalisme est rejeté pour son caractère naïf lorsqu'il admet que le mot et

---

1. M. Gabriel, *Die Erkenntnis der Welt. Eine Einführung in die Erkenntnistheorie*, Freiburg-München, Karl Alber, 2014, p. 237-244.

la réalité – ou le concept et l'objet – sont globalement isomorphes, si bien que nous aurions pour chaque réalité un nom ou du moins un concept approprié. On trouve pourtant ici des noms vides, qui ne réfèrent à rien du tout, et des pensées qui manquent leur cible dans la réalité. On trouve par ailleurs un nombre incalculable d'objets pour lesquels nous n'avons ni nom ni concept. Dans le cas contraire, nous ne pourrions rien apprendre à propos de la réalité. Nous serions enfermés dans une prison épistémique au sens d'une anamnèse littéralement platonicienne. Nos concepts ne sont ni un corset ni ne correspondent tous à une réalité indépendante d'eux.

Il importe alors de repousser deux objections présentées plus haut qui se répètent ici. Selon la première objection, l'ontologie des champs de sens n'a pas de concept de la réalité – encore moins de concept *adéquat* de la réalité – et emprunte encore secrètement les voies de l'idéalisme allemand[1]. Selon la seconde objection, le pluralisme ontologique serait trop libéral et les objets que tout réaliste devrait reconnaître comme non-existants (en particulier les soi-disant objets fictifs) y sont catégorisés comme existants, comme réels.

Comme nous l'avons vu, le réalisme de l'ontologie des champs de sens repose sur l'acception d'un réalisme neutre. Celui-ci diagnostique des relations réelles partout où il existe quelque chose à propos de quoi nous pouvons avoir des convictions vraies ou fausses. Je qualifie de « réel » et du même coup d'« objet » ce à propos de quoi nous pouvons avoir des convictions vraies ou fausses. Il n'y a de ce fait aucune différence – comme chez Meinong – entre une théorie de l'objet et une théorie du

---

1. J. Benoist, *L'adresse du réel*, Paris, Vrin, 2017, p. 23.

réel. Tout objet qui existe est réel[1]. L'existence, c'est la réalité[2].

Je concède par ailleurs, comme l'illustre l'exemple de la perception, qu'il y a des objets présents au niveau de l'objet lui-même qui ne sont pas des concepts. Ce que je conteste, c'est l'idée qu'il y aurait des objets à propos desquels rien ne peut être vrai. De plus, la « vérité » est ici comprise sur un plan non-épistémique. Tout ce qui est vrai ne demande pas à s'inscrire dans la forme d'une proposition que nous pouvons fonder *de facto* ou que nous pouvons, par principe, formuler uniquement d'une manière appropriée. Il y a beaucoup de choses qui sont vraies et que nous ne pouvons pas exprimer dans un langage compréhensible. Nous le savons, parce que nous savons que nous ne savons pas tout – j'ai proposé, à d'autres occasions, une argumentation plus détaillée à ce propos[3]. Notre savoir à propos de notre absence de savoir, une *docta ignorantia* actualisée, est en ce sens un argument qui plaide aussi en faveur d'un réalisme neutre. L'ontologie des champs de sens se distingue ainsi clairement de l'approche de l'idéalisme absolu que Hegel – et dernièrement en Allemagne Sebastian Rödl – ont particulièrement défendu[4]. Bien entendu, l'idéalisme

1. A. Meinong, *Théorie de l'objet et présentation personnelle*, Paris, Vrin, 1999, p. 65-73.

2. Voir les chapitres à propos des modalités dans *Fields of Sense*, *op. cit.*, chap. 10 et 11.

3. M. Gabriel, *An den Grenzen der Erkenntnistheorie, op. cit.*

4. À propos de Hegel : M. Gabriel, « What Kind of an Idealist (if any) is Hegel ? », *Hegel-Bulletin* 27/2 (2016), p. 181-208. Rödl a récemment présenté une introduction à sa position théorique dans Sebastian Rödl, *Self-Consciousness and Objectivity. An Introduction to Absolute Idealism*, Cambridge (Mass.)-London, Harvard University Press 2018. Pour le débat, *cf.* S. Rödl, « Vernunft und Registratur.

absolu n'est pas une thèse ontique ou plus largement métaphysique à propos de la constitution de la réalité ou de la nature en général. Il ne soutient pas l'existence d'un esprit du monde ou d'un esprit absolu que, pour ainsi dire, se figure uniquement la finitude. Il soutient au contraire qu'il n'y a au bout du compte aucune différence de principe entre ce que nous connaissons et ce que nous ne connaissons pas, si bien qu'il fait coïncider par principe, malgré les sujets finis, le savoir avec ce qui peut être su. L'idéalisme absolu ne soutient pas seulement qu'il doive y avoir des faits, donc des vérités là où quelque chose existe, mais admet aussi que nous pouvons en principe connaître ces faits.

A contrario, le réalisme neutre réplique qu'il est par principe impossible de se représenter le concept d'une omniscience de manière cohérente [1]. Nous ne disposons d'aucun concept de notre savoir qui nous permettrait de garantir l'existence de la réalité en général et son caractère connaissable ou épistémologiquement transcendant. Ceci est également dû au fait qu'il n'y a pas de réalité en général (« l'absence de vision du monde » [2]). Se demander alors comment l'esprit et le monde se comportent l'un par rapport à l'autre n'a que l'apparence d'une question.

Zu Markus Gabriels "Neutralem Realismus" », *in* T. Buchheim (dir.), *Markus Gabriel : Neutraler Realismus, op. cit.*, p. 93-96 et ma réponse, M. Gabriel, « Repliken auf Diehl/Rosefeldt, Hübner, Rödl und Stekeler-Weithofer », *in* T. Buchheim (dir.), *Markus Gabriel : Neutraler Realismus, op. cit.*, p. 165-222.

1. Voir en particulier A. Koch, *Versuch über Wahrheit und Zeit, op. cit.*; A. Koch, *Hermeneutischer Realismus, op. cit.* et aussi M. Gabriel, *An den Grenzen der Erkenntnistheorie, op. cit.* Voir également les arguments de Wolfram Hogrebe, *Echo des Nichtwissens*, Berlin, Akademie, 2006.

2. M. Gabriel, *Fields of Sense, op. cit.*, chapitre 7.

En outre, l'idéalisme absolu échoue lorsqu'il s'agit de vérités transcendantes par rapport à la preuve, telles que leur valeur de vérité ne peut être estimée en raison du caractère de leurs objets [1].

Je refuse également d'admettre l'existence d'une réalité générale homogène, unie à travers des règles structurantes non-épistémiques (les lois de la nature par exemple). Je ne conteste évidemment pas, à proprement parler, l'existence de l'univers en tant que structure énergique et matérielle qui constitue l'objet de recherche de la physique et de l'ensemble des sciences de la nature. Je ne soutiens pas non plus que tout ce qui existe doit trouver sa place dans cet univers. Je rejette toutefois, précisément pour cette raison, tout émergentisme qui dirait que tout ce qui existe mais qui ne constitue pas directement l'objet de recherche des sciences de la nature doit, au sein d'une séquence temporelle, préalablement trouver son origine soit dans un univers spontané dépourvu d'esprit, soit en vertu de processus complexes et inconnus [2].

Le réalisme neutre de l'ontologie des champs de sens dispose donc d'un concept de réalité théoriquement rectifié. Ce concept de réalité se distingue ontologiquement et épistémologiquement du concept de réalité de l'idéalisme absolu. Il se distingue dans le même temps

---

1. M. Gabriel, *An den Grenzen der Erkenntnistheorie*, *op. cit.*, p. 119.
2. Contre l'acception d'une causalité linéaire générale et de l'explication linéaire qui s'ensuit, lesquelles contraignent toute narration mythologique temporalisée de la naissance de l'esprit à partir de la matière, *cf.* J.-G. Ganascia, *Le mythe de la Singularité – Faut-il craindre l'intelligence artificielle ?*, Paris, Seuil, 2017.

explicitement de l'identification kantienne de la réalité avec ce dont on peut sensiblement faire l'expérience et plus précisément de ce dont on peut sensiblement faire l'expérience à l'intérieur d'un enchaînement causal, que l'on peut rétroactivement reconstituer[1].

À partir de cet arrière-plan se dessinent également quelques différences entre le concept de réalité de Benoist, celui de Ferraris et de celui de l'ontologie des champs de sens. Benoist distingue en particulier le réel du normatif. Le normatif est au service de la détermination au sein même du réel en mettant des règles à notre disposition qui servent à le mesurer. Il comprend à cet effet les objets – c'est ici qu'il reste fidèle à la phénoménologie – comme détermination normative et non comme quelque chose qui existe au sens d'une normativité présente dans le réel. Ainsi, il ne tombe pas dans le mythe de l'objet, contre lequel il s'est défendu de manière convaincante dans sa critique de McDowell[2]. J'objecterais à cela qu'il y a des normes qui, pour leur part, sont bien réelles et n'entrent pas extérieurement en relation avec une réalité sensible. On le remarque dans la mesure où la logique même des « lois de l'être vrai » en dépend[3]. La vérité est elle-même une forme de l'être. Elle existe toutefois en tant que norme de la forme de l'être qui mesure une autre forme de l'être et l'évalue car elle divise des résultats factuels (les convictions que nous avons, les conclusions

1. M. Gabriel, *Fields of Sense*, *op. cit.*, chapitre 3.

2. J. Benoist, *Le Bruit du Sensible*, Paris, Cerf, 2013 et J. Benoist, *Concepts. Introduction à l'analyse*, Paris, Cerf, 2010. Pour une critique récente de la phénoménologie, *cf.* J. Benoist, *Logique du phénomène*, Paris, Hermann, 2016.

3. G. Frege, *Ecrits logiques et philosophiques*, Paris, Seuil, 1971, « La pensée », p. 173.

auxquelles nous aboutissons et dont les raisonnements qui les composent sont tenus pour vrais en raison des prémisses données) en événements qui lui sont conformes et en événements qui lui contreviennent. Toute norme entre en relation avec ce qu'il se passe factuellement. Les normes ne transcendent pas le réel. Elles appartiennent également à l'inventaire du réel comme les chats et les matelas. Néanmoins, elles ne sont ni des chats ni des matelas, mais elles relèvent d'une réalité irréductible qui se manifeste dans de nombreux champs de sens indéfinis. À ces champs de sens appartiennent les normes classiques de la vérité, du bien et du beau, tout comme leur différentiation dans nos pratiques discursives de la logique et de la théorie de la connaissance, de l'éthique et de l'esthétique. Aux champs de sens appartiennent aussi les normes de la discipline, qui constituent l'objet d'étude de Nietzsche et de Foucault, ou encore les normes qui ont une signification culturelle et politique telle qu'elles peuvent devenir ainsi l'objet d'étude d'un domaine comme celui de la sociologie.

La théorie philosophique de la normativité se focalise depuis trop longtemps sur le cas particulier de l'autonomie. C'est là son héritage kantien problématique. Cet héritage doit être abandonné en raison de son constructivisme, tout comme il doit l'être dans la philosophie théorique. Pour ma part, j'estime que Kant ne défend certes pas de constructivisme en éthique, mais il est bien connu qu'aujourd'hui la théorie de la normativité représentée en particulier par Habermas et ses élèves tout autant que Brandom est extrêmement influente. Selon cette dernière, nous nous orientons en fonction de normes que nous pouvons nous représenter en tant qu'êtres qui se sont eux-mêmes donnés leur propre norme. Cette capacité à

se donner à soi-même la norme sous laquelle on se tient
est rendue compréhensible par l'idée que nous générons
des normes à travers notre pratique. Évidemment, il
s'agit aussi d'un héritage wittgensteinien qui rejette à la
conception selon laquelle les normes seraient des « rails
invisibles allant à l'infini [1] ».

Pourtant surgit ici un problème qui affecte le
constructivisme par principe. Le constructivisme confond
les circonstances dans lesquelles nous faisons quelque
chose et les circonstances dans lesquelles nous faisons
des phrases déterminées. Concernant l'autonomie, cela
signifie que nous agissons par conséquent en fonction de
normes parce que nous reconnaissons des normes. Nous
réalisons que les normes nous concernent en nous orientant
selon des normes, ou bien parce que nous nous orientons
selon elles. Ceci correspond d'une certaine manière au
dictum kantien du « fait de la raison [2] ». Il s'agit, comme
le « *Tathandlung* » de Fichte, de quelque chose que nous
trouvons en amont parce que nous l'avons posé. On
accepte pourtant qu'on puisse par principe se donner
aussi d'autres normes. Nous pourrions alors modifier les
conditions de vérité de nos énoncés normatifs en nous
soumettant à un autre canon de règles. Cependant, cela
conduit à un relativisme moral au sens précis d'une thèse

---

1. L. Wittgenstein, *Recherches philosophiques*, trad. fr. Fr. Dastur,
M. Élie, J.-L. Gautero, D. Janicaud, É. Rigal, Paris, Gallimard, 2004,
§ 218, p. 131. Pour une fine reconstitution d'un constructivisme
wittgensteinnien, *cf.* C. Wright, *Rails to Infinity. Essays on Themes
from Wittgenstein's Philosophical Investigations*, Cambridge (Mass.)-
London, Harvard University Press, 2001.

2. Kant, « Critique de la raison pratique », trad. fr. L. Ferry et
Heinz Wismann, dans Emmanuel Kant, *Œuvres philosophiques*,
tome II : *Des prolégomènes aux écrits de 1791*, Ferdinand Alquié (éd.),
Paris, Gallimard, 1985, p. 644 *sq.*, AA V 31.

selon laquelle la vérité des énoncés moraux est entre
autres choses une fonction du « contexte d'évaluation »
(« *context of assessment* »), comme John MacFarlane
l'a expliqué plus précisément sur le plan sémantique[1].
Sur le plan moral, je tiens une telle thèse pour fausse.
Notre autonomie en tant qu'êtres vivants qui évaluons
des situations sociales réside au contraire dans le fait de
reconnaître le bien, vers lequel nous tendons en vertu de
nos capacités épistémiques. Nous nous soumettons de
notre plein gré à ce qu'il nous recommande ou nous nous
détournons librement de lui. Aucune pratique discursive
n'est susceptible de transformer le bien en mal ou le mal
en bien. Le bien se tient en-dehors d'une telle économie
de la transformation de la valeur d'échange. Le bien et le
mal ne sont pas des valeurs économiques.

Il importe, quoi qu'il en soit, de souligner que les
normes ne sont pas toutes négociables et en conséquence
qu'elles ne sont pas toutes corrigibles. Notre comportement
est catégorisé comme corrigible selon des normes. Mais
il ne s'ensuit pas que les normes que nous reconnaissons
soient négociables. La dignité de l'homme est intan-
gible[2]. Même les normes contingentes, à première vue
optionnelles et susceptibles d'être révisées, font partie du
réel. Nous les avons certes générées en raison de pratiques
déterminées. Mais sitôt qu'elles existent et qu'elles
agissent en tant que normes, il ne dépend plus des acteurs
de modifier la valeur de vérité des énoncés qui constatent

1. J. MacFarlane, *Assessment Sensitivity. Relative Truth and its
Applications*, Oxford, Clarendon Press, 2014.
2. M. Gabriel, *Pourquoi je ne suis pas mon cerveau*, Paris, Edition
Lattès, 2016, p. 330-336. Pour une critique subtile des prémisses de
tout constructivisme moral, *cf.* P. Boghossian, « Der Relativismus des
Normativen », *in* M. Gabriel, *Der Neue Realismus*, *op. cit.*, p. 362-395.

la présence des normes. Il est vrai qu'en Asie, on mange plutôt avec des baguettes qu'avec un couteau et une fourchette. Il y a certes d'autres manières de procéder. Mais lorsque l'étiquette et la mode changent, il reste tout de même vrai pour toujours qu'elles ont exercé une force normative à un moment précédant leur changement. La modification d'une économie est une opération réelle qui s'entremêle avec d'autres processus réels de mise en place des ressources et de leur transformation par le travail. La morale, les étiquettes, ou encore l'économie ne se déroulent pas en premier lieu dans l'esprit humain ou dans nos interactions symboliques. Les processus de négociation ne réussissent que là où quelque chose est remis en question sans pour autant être *totalement* remis en question.

C'est pourquoi je rejette également le constructivisme social de Maurizio Ferraris. Ferraris pense que les faits sociaux existent aussi longtemps qu'il existe des documents qui produisent leur existence. Si tous les hommes oubliaient l'holocauste et si tous les documents qui établissent son existence dans le passé étaient détruits, alors il n'existerait plus [1]. Prenons un évènement moins douloureux : la fin de la civilisation grecque antique. Si tous les documents et toute mémoire (que Ferraris considère comme des documents dans le cerveau humain) qui établissent l'existence de la civilisation grecque antique disparaissaient, alors cette civilisation n'existerait plus. Son existence serait complètement effacée, y compris dans le passé. Cette thèse correspond

---

1. M. Ferraris, *Mobilisation totale. L'appel du portable*, Paris, P.U.F., 2016. C'est ainsi qu'il radicalise son propos sur la documentalité, voir *Documentality. Why It Is Necessary to Leave Traces*, New York, Fordham University Press, 2012.

d'une certaine manière à l'anti-réalisme de Dummett, dans la mesure où la tentative du dernier Dummett de penser un anti-réalisme généralisé doit conduire à la preuve de l'existence de Dieu, afin de montrer l'existence d'une accumulation éternelle de documents (l'esprit de Dieu) qui stabilise l'univers y compris dans le passé [1].

Le constructivisme social est toutefois aussi incohérent que toute autre forme de constructivisme radical. Il confond tout simplement les opérations au sein de la réalité (la génération de documents ou la production d'une différence entre la valeur utilitaire et la valeur d'échange) avec la vérité relative à ces opérations. Il y a pourtant une différence entre produire un document et le fait qu'il soit vrai de produire un document. Je peux produire un document, mais pas une vérité. Qu'il soit vrai que j'écrive cette phrase n'est pas identique au fait que j'écrive cette phrase. Les faits sont certes transparents à la vérité là où nous pouvons reconnaître des faits. Du fait que je regarde actuellement mes mains découle qu'il est vrai que je regarde actuellement mes mains tout comme il est vrai que j'ai des mains, etc. Le fait peut être constaté, mais cela n'est pas identique au fait qu'on le constate. John Searle, qui est, aux côtés de Derrida, comme un parrain pour Ferraris, se trompe dans sa théorie des actes de paroles : il n'y a aucune forme déclarative logique qui puisse à la fois constater quelque chose et le rendre vrai *ipso facto*. L'énoncé « je te baptise par le présent acte du nom d'Emmanuel » ne rend pas vrai le fait qu'Emmanuel s'appelle dorénavant Emmanuel. C'est uniquement valable lorsque la personne qui l'exprime est autorisée

<hr />

1. M. Dummett, *Thought and Reality*, Oxford, Clarendon Press, 2006.

à baptiser quelqu'un. L'institution du baptême, et non pas un énoncé avec une valeur de vérité bien définie, est la raison pour laquelle Emmanuel s'appelle Emmanuel. Les institutions n'existent d'aucune manière en vertu des énoncés. Elles sont des porteurs objectifs de normativité. Cette normativité n'est pas inhérente aux institutions parce que les acteurs l'auraient souhaité de longue date[1].

Pour résumer, le réalisme neutre dispose d'un concept robuste de réalité. Il permet par ailleurs de dévoiler les incohérences du constructivisme social et de reconnaître les normes comme une composante légitime du réel en tant que réalité *sui generis*. Il n'est pas un héritage de l'idéalisme absolu bien qu'il se rattache à différents égards à la discussion concernant l'idéalisme allemand. En arrière-plan transparaît cependant la critique de Schelling contre l'idéalisme hégélien et non pas, comme le supposent Ferraris et Benoist, un concept idéaliste de réalité[2].

1. Voir ma critique à l'encontre de Searle dans M. Gabriel, « Facts, Social Facts, and Sociology », *in* W. Gephart, J. C. Suntrup (dir.), *The Normative Structure of Human Civilization. Readings in John Searle's Social Ontology*. Frankfurt a. M., Vittorio Klostermann, 2017, p. 49-68.

2. Voir en particulier M. Gabriel, *Transcendental Ontology. Essays in German Idealism*, London, Continuum, 2011 ; tout comme M. Gabriel, « Aarhus Lectures. Schelling and Contemporary Philosophy. First Lecture : Schelling on Why There is Something Rather than Nothing in the Original Version (Urfassung) of the Philosophy of Revelation », *SATS. Northern European Journal of Philosophy*, 14/1 (2013), p. 70-101 ; M. Gabriel, « Aarhus Lectures. Schelling and Contemporary Philosophy. Second Lecture : Schelling's Ontology in the Freedom Essay », *SATS. Northern European Journal of Philosophy*, 15/1 (2014), p. 75-98 ; M. Gabriel, « Aarhus Lectures. Schelling and Contemporary Philosophy. Third Lecture : The Prospects of Schelling's Critique of Hegel », *SATS. Northern European Journal of Philosophy*, 16/1 (2015), p. 114-137 ; M. Gabriel, « Aarhus Lectures. Schelling and Contemporary Philosophy. Fourth Lecture : The Very

Nous en venons à présent à la seconde série d'objections qui gravitent autour du soi-disant problème des objets de fiction. On a reproché à plusieurs reprises au réalisme neutre d'être trop libéral, en particulier par l'intermédiaire de l'engagement ontologique des champs de sens envers l'authentique et irréductible existence des *dramatis persona*[1]. À de multiples occasions, j'ai effrontément affirmé que la licorne (comme dans *La dernière licorne*) et les sorcières (comme dans *Faust*) existent tout comme il existe un nombre indéfini d'autres objets de fiction. Dans la mesure où je n'ajoute aucune distinction conceptuelle supplémentaire entre l'existence et la réalité, j'ai également affirmé que les licornes, les sorcières, et beaucoup d'autres choses exclues depuis longtemps de la modernité, sont réelles.

Malheureusement, il subsiste une profonde obscurité du côté de ceux qui maintiennent l'objection. Cette obscurité se révèle dans le débat à propos des objets de fiction en général. La littérature analytique standard définit les objets de fiction comme étant ceux qui n'existent pas et rendent raison de cette définition, dans le meilleur des cas, au motif qu'ils seraient imaginés ou issus de la libre invention des artistes. En conséquence, ils pourraient possiblement « exister » en un certain sens sans toutefois être réellement. C'est pourquoi les représentants du réalisme de la fiction comme Peter van Inwagen et Amie Thomasson ne s'aventurent pas au-delà de l'affirmation selon laquelle les licornes existent en tant

Idea of a Philosophy of Mythology in Contemporary Philosophy », *SATS. Northern European Journal of Philosophy*, 17/2 (2016), p. 115-144.

1. T. Buchheim (dir.), *Markus Gabriel : Neutraler Realismus*, *op. cit.*

qu'objets abstraits. Puisque des licornes réelles seraient concrètes et non abstraites, il ne pourrait pas s'agir de licornes au niveau des objets existants du discours de fiction; il pourrait néanmoins s'agir de n'importe quoi d'autre [1]. Mais pourquoi devrait-on accepter les prémisses selon lesquelles les objets fictifs n'existent pas et peuvent avoir dans le meilleur des cas une pseudo-existence, dont le mode d'existence diffère quoi qu'il en soit de celui de la réalité?

On peut opposer à cette thèse que, dans les authentiques discours de fiction, marqués par des caractéristiques linguistiques, par des genres, par un domaine littéraire, il n'est pas nécessairement question d'objets qui n'existent pas au sens courant. L'exemple de Napoléon qu'on répète inlassablement est bien connu tout comme celui d'Anna Karenine dans *Guerre et paix*. Le cas de Faust est encore plus drastique : il relève aussi bien du Dr. Faustus au sein du territoire de l'Allemagne réelle que de celui qui s'acoquine avec Méphistophélès dans le *Faust* de Goethe, qui à ma connaissance n'est inspiré d'aucune personne du territoire de l'Allemagne réelle. Par conséquent, on doit avant tout faire une différence entre les *objets fictionnels* et les *objets fictifs*. Beaucoup d'objets fictionnels auraient pu exister même si personne n'avait jamais parlé d'eux sur le mode du discours de fiction. Vasco de Gama et les indiens ne doivent pas leur existence aux *Lusiades* de Luis de Camões. À l'opposé, les objets qui n'auraient jamais pu être donnés doivent être appelés « objets fictifs » même si personne ne les

---

1. Pour les *locus classicus* : P. Van Inwagen, « Creatures of Fiction », dans *American Philosophical Quarterly*, 14/4 (1977), p. 299-308; Amie L. Thomasson, *Ontology Made Easy*, Oxford-New York, Oxford University Press, 2014.

a présentés sur le mode du discours de fiction. Cette réflexion peut être généralisée au-delà du cas particulier de la littérature. La catégorie des objets fictifs doit être conçue comme celle comprenant les objets qui existent uniquement en raison de pratiques des représentations fictionnelles. À cette catégorie peuvent appartenir alors toute forme d'art ou d'imagination humaine, de telle sorte que les personnages dans mes rêves et mes souvenirs peuvent être fictifs, même s'ils n'existent « que » dans mes rêves et mes souvenirs.

Évidemment, il est à présent de nouveau admis qu'ils existent ! Qu'ils n'existent « que » dans mes rêves veut bien dire qu'ils existent – ils existent précisément dans mes rêves. Ainsi, on se trouve déjà sur le terrain de l'ontologie des champs de sens, qui offre un cadre théorique permettant d'éviter le concept de l'« existence-in ». Si l'on veut à la fois l'éviter et ne pas se retrouver sur mon terrain, on doit rendre plausible la thèse selon laquelle les objets fictifs n'existent pas (en aucun sens). On a besoin pour cela du concept de non-existence absolue, qui aboutit toutefois au paradoxe de Parménide, selon lequel nous ne pouvons dire d'aucun objet donné, à propos duquel nous pouvons avoir des convictions vraies, qu'il n'existe en aucun sens. Les conditions de vérité des énoncés comme « les licornes n'existent pas » sont dans ce cas ruinées. On a l'impression que cet énoncé concerne les licornes et conteste le fait qu'elles existent. Elles existent pourtant au sens minimal où tout objet à propos duquel nous pouvons produire des énoncés existe. Les stratégies de paraphrase de la « théorie de la description » comme Russell puis Quine les ont élaborées s'étendaient habituellement jusqu'aux objections à l'encontre du descriptivisme, rendues célèbres par Kripke[1]. Au final, elles conduisent toujours à considérer que les énoncés qui portent sur la non-existence (aussi bien les énoncés généraux comme « les licornes n'existent pas » que les énoncés particuliers comme « Sherlock Holmes n'existe pas ») ont pour objet ce qui existe, et à affirmer que rien de ce qui existe n'est identique à ce qui fait que nous attribuons l'existence aux licornes et à Sherlock Holmes, ce qui relève plus précisément de la manière dont nous caractérisons les objets fictifs.

Face aux objections des philosophies du langage contre la théorie descriptiviste des noms propres, cette stratégie possède cependant le défaut majeur suivant. Elle propose une analyse des énoncés négatifs portant sur l'existence qui les rend légitimes, et établit de ce fait une théorie non-analysée de l'existence. Lorsque Quine affirme qu'exister consiste à être la valeur d'une variable donnée, ou que Russell dit que quelque chose existe lorsque des énoncés déterminés sont parfois vrais, comment peuvent-ils exclure que les énoncés sur les licornes et les sorcières produits dans les fictions et les discours méta-fictionnels des théories (en particulier la psychanalyse des rêves) portent sur des objets qui existent? En effet, beaucoup d'énoncés de la littérature scientifique sont ontologiquement équivalents au modèle des licornes, même si les énoncés sur les licornes sont produits dans les récits.

---

1. B. Russell, *Écrits de logique philosophique*, trad. fr. J.-M. Roy, Paris, P.U.F., 1989, « De la dénotation », p. 203-218; Willard V. O. Quine, *Du point de vue logique*, trad. fr. S. Laugier (dir.), Paris, Vrin, 2003, « De ce qui est », p. 25-48.

C'est pourquoi Quine a de nouveau recours à son naturalisme et conclut que les contraintes ontologiques des théories qui ne sont pas légitimées par les sciences de la nature doivent être comprises littéralement. Pourtant, l'affirmation selon laquelle les licornes n'existent pas conduit seulement à dire que la physique ne les a pas encore trouvées, ou plus précisément qu'aucun des termes qui se rattachent au langage de la physique ne réfère à des licornes. Pourquoi cette thèse devrait-elle nous impressionner? Parce qu'elle effectue une réparation *ad hoc* que Quine utilise afin de limiter épistémologiquement le libéralisme ontologique de sa thèse de la relativité ontologique. Reprenons une nouvelle fois : pourquoi les licornes ne devraient-elles pas exister alors que nous avons des données qui rendent compte à la fois de la contrainte ontologique de théories définies à propos des licornes et de l'existence même des licornes?

À ce niveau de la réflexion, une sérieuse objection, formulée par David Chalmers lors d'une conversation à New York en septembre 2015, et connue sous différentes formes par la littérature sur les objets fictifs, doit être repoussée[1]. Prenons le scénario suivant. Quelqu'un tourne *Le retour de la dernière licorne*. Dans ce film, l'une des licornes lit la première partie de *Pourquoi le monde n'existe pas* de Markus Gabriel et décide d'évoluer dans un autre champ de sens. Au lieu de simplement exister dans le film, elle saute (dans le film !)

---

1. A. Everett, « Pretense, Existence, and Fictional Objects », *Philosophy and Phenomenological Research*, 74/1 (2007), p. 56-80; B. Schnieder, T. von Solodkoff, « In Defence of Fictional Realism », *The Philosophical Quarterly*, 59/234 (2009), p. 138–149; A. Everett, *The Nonexistent*, Oxford, Oxford University Press, 2013.

hors de l'écran et s'installe à New York City, où elle rend visite à Chalmers et Gabriel à Broadway pendant le déjeuner, alors qu'ils parlent précisément des objets fictifs. Si la licorne existe parce qu'elle existe dans les films, elle existe aussi à New York avec Chalmers et Gabriel parce que ce fait existe en film. Il s'avère qu'une contradiction est justement présente au sein du champ de sens dans lequel Chalmers et Gabriel se trouvent, étant donné qu'à ce moment et à cet endroit, une licorne existe et n'existe pas. C'est une variante du problème selon lequel la réalité est poreuse aux vérités fictionnelles. Si, dans *La dernière licorne*, il est vrai que p, alors il s'ensuit le schéma d'équivalence suivant :

« p » est vrai ↔ p

En conséquence, tout ce qui est vrai dans la fiction devient également vrai en-dehors de la fiction. Évidemment, cette objection ne fonctionne pas vraiment. Prenons dans un premier temps le problème de la vérité. Le prédicat « vrai-dans-F » ne remplit pas le schéma d'équivalence. Car tout ce qui est vrai n'est pas « vrai-dans-F ». Il est vrai que j'ai parlé avec Chalmers à Broadway, mais ce n'est pas le cas dans *La dernière licorne*. Ainsi, l'objection ne fonctionne pas à ce niveau. On pourrait bien entendu soulever des objections contre le prédicat « vrai-dans-F », mais ce serait alors déplacer la discussion.

Les arguments issus de l'ontologie des champs de sens ne se développent plus, de toute façon, à partir du concept de vérité. L'argument en faveur de l'existence des licornes est ontologique. Il concerne la structure des faits. Il s'agit au contraire de « p » lui-même. On suit ici l'idée selon laquelle il y a des « faits-dans ». Une certaine chose est vraie dans *La dernière licorne*. On obtient alors des instances conventionnelles du schéma d'équivalence comme :

> « Dans *La dernière licorne*, les licornes existent » est vrai ↔ Les licornes existent dans *La dernière licorne*.

Rien de différent n'est exigé pour *Le retour de la dernière licorne*. Cela nous contraint dans tous les cas à dire :

> « Dans *Le retour de la dernière licorne*, une licorne, Chalmers et Gabriel se rencontrent » est vrai. ↔ Dans *Le retour de la dernière licorne*, une licorne, Chalmers et Gabriel se rencontrent.

Les prétendus champs de sens fictifs sont suffisamment isolés. Un champ de sens S est suffisamment isolé d'un autre champ de sens S* lorsqu'aucune contradiction ne résulte de S* alors que plusieurs recoupements qui peuvent être exclus par avance se produisent. Avant, pendant et après le recoupement avec *Le retour de la dernière licorne* n'apparaît aucune licorne aux côtés de Chalmers et de moi-même. La tentative pour la dernière licorne de perdre complètement son statut filmique échoue en conséquence. Elle reste pour toujours prisonnière de l'écran – ce qui constitue un sujet important de l'ontologie du film [1]. Puisque nous savons comment un champ de sens est obtenu, nous pouvons thématiser les recoupements. Beaucoup de nos champs de sens quotidiens ne sont pas concernés par de vraies contradictions. Ces champs de sens consistants sont suffisamment isolés de tous les

---

1. Voir à ce propos les remarques de Stanley Cavell dans *La projection du monde. Réflexions sur l'ontologie du cinéma*, trad. fr. C. Fournier, Paris, Belin, 1999.

champs de sens inconsistants tout comme des champs de sens paraconsistants.

C'est pourquoi il y a des intrusions de la fiction dans ce qui est majoritairement et suffisamment isolé d'elle. Admettons que Jésus n'ait jamais existé. Certes, il existe dans la *Bible* à la différence de Saint Paul, mais disons, il existe *seulement* dans la *Bible*. Jésus serait alors aussi bien un objet fictionnel qu'un objet fictif. Néanmoins, il est bien réel à l'intérieur du christianisme. Il a des répercussions causales sur ce que nous appelons habituellement « le monde réel ». Précisément parce que Jésus existe en tant qu'objet fictionnel et en tant qu'objet fictif, des guerres ont été menées, des partis se sont formés, des églises ont été construites, des accords ont été signés, etc. Quoiqu'il en soit, cela se produit parce que nous pouvons aisément confondre les objets fictifs avec des objets non-fictifs, tout simplement pour la bonne raison que le discours fictionnel ne porte pas nécessairement sur des objets fictifs. Les objets du discours fictionnel ne sont donc pas tous suffisamment isolés des champs de sens des objets du discours non-fictionnel.

Tout ceci est corrélé à l'ontologie des champs de sens. En effet, elle affirme qu'il n'y a aucune architecture de la totalité des champs de sens. La manière dont les champs de sens s'associent ne découle pas de la fonction d'un ordre universel. Ainsi s'établit *ad acta* la théorie complète des mondes possibles. Il n'y a pas d'espace logique qui engendrerait tous les mondes possibles (y compris ceux du réels) et qui obéirait à des lois logiques générales. La logique n'est pas la métaphysique. Elle ne comprend pas tout ce qui existe ni tout ce qui peut exister [1]. Le concept de possibilité logique (quelque chose comme l'absence de contradiction au sens traditionnel) ne détermine pas ce qui existe, mais exclut quelque chose dans tous les cas. La *non repugnatia ad esse* n'ouvre elle-même aucun champ de sens dans lequel tout se produirait, dans lequel ce qui existe ne peut pas être exclu *a priori* [2]. D'une certaine manière, Kant a raison de classer les énoncés qui portent sur l'existence en général au rang des énoncés synthétiques [3]. C'est pour cette raison que Kant différencie les possibilités *logiques* des possibilités *réelles*. Il lie toutefois la possibilité réelle à des paramètres empiriques que je n'accepte pas, dans la mesure où il associe la réalité à ce dont on peut faire l'expérience. L'ontologie des champs de sens, qui s'oppose à cette conception de la réalité, n'est en aucun cas une variante de l'idéalisme

1. C'est pour cette raison que des œuvres comme celles de David Lewis, (*De la pluralité des mondes*, trad. fr. M. Caveribère, J.-P. Cometti, Paris, Les éditions de l'éclat, 2007) et de Timothy Williamson, (*Modal Logics as Metaphysics*, Oxford-New York, Oxford University Press, 2013) sont perçues en tant qu'œuvres ontologiques qui recherchent des objets fictifs à l'aide d'une prétention théorique défaillante. Peter Unger en vient également à une position similaire dans *Empty Ideas. A Critique of Analytic Philosophy*, (Oxford-New York, Oxford University Press, 2014).

2. Voir à ce propos l'impressionnante reconstruction des présupposés historiques des modernes vis-à-vis de la logique de la construction ontologique dans Ludger Honnefelder, *Scientia transcendens. Die formale Bestimmung von Seiendheit und Realität in der Metaphysik des Mittelalters und der Neuzeit*, Hamburg, Meiner, 1990. *Cf.* aussi L. Honnefelder, *Was ist Wirklichkeit? Zur Grundfrage der Metaphysik*, Paderborn, Schöningh, 2016.

3. Voir évidemment Kant, *Critique de la raison pure*, *op. cit.*, p. 1213 *sq.*, A 597 *sq.*, B 625 *sq.*, où Kant explique sa thèse, selon laquelle « toute proposition d'existence est synthétique » (*Ibid.*, p. 1214, A 598/ B 626).

transcendantal et ne s'aventure pas non plus de manière réaliste sur le versant de la métathéorie.

Quelque chose est réellement possible lorsque c'est réel. Le concept de possibilité réelle est le concept d'un sens qui tient compte des objets qui apparaissent dans son champ de sens. La possibilité est une abstraction de la réalité. L'existence précède l'essence, autrement dit l'actualité précède la possibilité. Ainsi, aucun schéma de compréhension à la Meinong selon lequel absolument tout existerait n'est valable. Autrement dit, il est inexact que tout ce qui est logiquement possible soit à la fois un objet et un étant pouvant réellement exister. Pour que quelque chose soit thématisé en tant qu'objet des énoncés qui peuvent être vrais, il ne suffit pas qu'un énoncé cohérent, dans lequel la place logique du sujet est occupée, soit possible. On a au contraire besoin pour cela d'un champ de sens au sein duquel l'objet apparaît. La logique n'est pas un champ de sens dans lequel les objets apparaissent, ou plutôt : elle n'est en aucun cas le champ de sens dans lequel tous les objets apparaissent. C'est là aussi une conséquence des résultats méta-logiques associés aux noms de Russell, Gödel et Turing. Il n'y a aucun système unique et formel qui renfermerait toutes les vérités logiques sous la forme de théorèmes. Dans toute logique font défauts plusieurs vérités logiques qui peuvent être trouvées dans une autre logique ; à condition que je laisse néanmoins en suspens la question de savoir s'il peut exister des vérités logiques qui ne peuvent être trouvées dans aucune logique (qui sont donc dérivées en tant que théorèmes).

Le fait que l'ontologie des champs de sens offre la perspective d'un authentique réalisme fictionnel, qui ne réduit pas les objets fictionnels (et dans le même temps les objets fictifs) à une autre catégorie que celle dans laquelle ils apparaissent, est déterminant pour le problème des objets fictionnels. Faust est un homme et non un objet abstrait. Méphistophélès et (une partie de) Faust sont toutefois suffisamment isolés pour ne provoquer aucun malheur ontologique à New York City malgré le recoupement des champs de sens entre New York City et *Faust*. Ils ne peuvent donc devenir réels à New York City seulement si nous confondons les champs de sens, qui deviennent ainsi victimes d'une confusion indexicale par laquelle nous voulons que notre expression atteigne un champ de sens qu'elle ne parvient pas à atteindre. Lorsque nous apprenons à nos enfants que les sorcières n'existent pas, nous ne leur apprenons pas qu'aucune sorcière n'existe dans *Faust*, mais bien plutôt que les sorcières n'existent pas dans le champ de sens de leur chambre (ou de la maison) de la même manière que les tramways ou les hooligans existent.

Une dernière objection, soulevée de temps à autres, doit encore être abordée. Elle sera traitée plus précisément dans le dernier *propos*. Selon cette objection, le monde existe dans l'ontologie des champs de sens en tant qu'il se situe dans le champ de sens des objets fictifs ou dans celui des objets inconcevables. Ainsi, le monde serait possiblement une idée régulatrice au sens de Kant, qui considère d'ailleurs les idées elles-mêmes comme des fictions :

> Les concepts de la raison sont, comme on l'a dit, de simples idées, et ils n'ont assurément aucun objet dans une expérience quelconque, mais toutefois ils ne désignent pas pour cela des objets inventés qui seraient en même temps admis comme possibles. Ils ne sont pensés que problématiquement, afin de fonder

en relation à eux (en les prenant comme des fictions heuristiques) des principes régulateurs de l'usage systématique de l'entendement dans le champ de l'expérience[1].

Interpréter ce passage nous emmènerait trop loin. L'objection soulevée ici nous dit qu'il ne doit y avoir aucun problème à ce que l'ontologie des champs de sens considère le monde aussi bien comme existant que comme fictif. Néanmoins, ce modèle échoue. Si le monde était fictif, son sens serait tel que nous aurions catégorisé comme fictifs les objets qui s'y trouvent (*ex hypothesi* : tous!). La totalité des objets du monde serait ainsi suffisamment isolée par rapport à nous. Dans tous les cas, le monde serait quelque chose avec quoi nous ne serions pas réellement en contact. Si le monde était une fiction en ce sens-là, il n'aurait rien à voir avec nous. Le problème est alors que nous devons nous-mêmes nous trouver dans le monde, mais que le monde doit précisément être la raison pour laquelle tout ce qu'on a sous la main devient fiction. C'est là le panfictionnalisme radical qui a été progressivement dérivé de Kant au cours des deux derniers siècles. Il correspondrait actuellement à une pensée de la forme de la *Philosophie du « comme si »* de Vaihinger ainsi qu'à une interprétation métaphysique et postmoderne de Jorge Luis Borges[2]. Le monde n'existe pas, ni dans le champ de sens du fictif ni dans celui de l'inconcevable.

---

1. Kant, *Critique de la raison pure*, *op. cit.*, p. 1340, A 771/B 799.
2. Pour une critique récente à l'encontre d'un tel panfictionnalisme, *cf.* aussi Fr. Lavocat, *Fait et fiction. Pour une frontière*, Paris, Seuil, 2016.

Cette objection me contraint cependant à ne pas catégoriser l'énoncé « le monde n'existe pas » comme un énoncé négatif et particulier d'existence. Il s'agit plutôt d'un slogan et non d'une thèse qui énonce quelque chose à propos du monde. Ce slogan est un axe directeur pour la construction d'une théorie. Il nous indique que nous nous trouvons en présence d'un non-sens caché ou manifeste lorsque nous disons que le monde serait quelque chose qui existe, ou encore quelque chose qui guide la logique de la recherche en tant qu'idée régulatrice. « Le monde » est un non-sens, une expression de notre langage qui nous donne l'illusion de parler de quelque chose. « Le monde » est le descendant de la sphère de l'être de Parménide qui n'est autre qu'une projection du sentiment océanique méditerranéen sur la réalité dans sa totalité. Parménide avait raison de dire que nous ne pouvons pas penser le néant absolu. Il s'y risqua néanmoins et l'appela « être ».

Markus GABRIEL

Les textes qui constituent ce livre ont été écrits à des occasions différentes et ont été traduits par des traducteurs différents. L'introduction et les chapitres un et deux sont traduits de l'allemand, et le reste de l'ouvrage est traduit de l'anglais. Les différents styles d'écriture issus des six traductions ont ensuite été unifiés afin d'obtenir un ensemble homogène. Toutefois, le véritable lien unissant les huit chapitres, qui d'une part semblent indépendants les uns des autres, et qui d'autre part n'entretiennent pas une continuité thématique, est assurément à trouver dans la portée réaliste des idées développées par Markus Gabriel. Le lecteur est donc invité à comprendre les « propos réalistes » qui suivent au sens fort d'un choix d'écriture qui se rapproche de celui d'Alain.

Les choix de traduction ont été opérés relativement au style de l'auteur lui-même, qui mobilise un langage ordinaire souple tout en ayant régulièrement recours à des distinctions philosophiques techniques. Ainsi, dans la majorité des cas, les mots « *statement* », « *assumption* », et « *Aussage* », couramment utilisés en philosophie, ont été traduits par « énoncé » sans plus de distinction pour ne pas nuire à la cohésion générale des chapitres. À l'exception de sa première occurence, l'expression « *Argument aus der Faktizität* » a été traduite par « argument de la facticité » par commodité, même si, à proprement parler, il n'y a pas d'« argument de la facticité » mais un argument « tiré » ou « issu » de la « facticité ». Enfin, les termes « *Anordnungsregel* » et « *wahrheitsfähig* » ou « *truth-apt* » ont été respectivement rendus par les expressions peu courantes « règle structurante » et « capable de donner une valeur de vérité » afin de conserver une certaine précision technique nécessaire à la compréhension des passages où elles apparaissent.

Romain LE DOARÉ

Chapitre premier

SENS ET EXISTENCE[1]

Nul besoin d'être doué d'une grande force de conviction pour affirmer que la question « qu'est-ce que l'être ? » ou « qu'est-ce que l'existence ? » est la question fondamentale de la philosophie. Certes, Kant et la majeure partie des troubles épistémologiques qui succèdent à sa philosophie théorétique jusque dans des régions lointaines de la philosophie du XXe siècle pensent que l'on doit renoncer au « nom orgueilleux d'une ontologie »[2]. Kant voulait lui substituer une philosophie transcendantale qui soit plus modeste d'un point de vue théorique. Sa tâche se limiterait à thématiser des objets pour nous, c'est-à-dire des objets de certitudes pouvant être vrais, nommés « jugements », en prenant en compte leurs conditions de possibilité. Selon Kant, les objets pour nous sont des objets qui relèvent du domaine de « l'expérience possible ». Ainsi, toute connaissance serait *ou bien* empirique, c'est-à-dire rapportée directement à des entités dans le domaine des objets

1. Ce texte provient d'une intervention donnée lors du semestre d'hiver en 2013/2014 pendant un séjour effectué en tant que Senior Fellow au Freiburg Institute for Advanced Studies (FRIAS) à l'université de Strasbourg. Traduit de l'allemand par Virginie Palette.
2. Kant, *Critique de la raison pure*, *op. cit.*, p. 977, A 247/B 303.

d'expérience possible, *ou bien* transcendantale, à savoir examinant la possibilité de l'expérience. On pourrait donc connaître quelque chose *ou bien* comme partie du champ de l'expérience possible *ou bien* relativement à ses structures fondatrices, nécessaires et générales, donc *a priori*.

Kant n'a pourtant pas délaissé le nom présomptueux d'ontologie, ou plus exactement : il a certes transformé son nom, mais il n'a pas pour autant pris congé de la chose même et n'a pas non plus démontré son impossibilité. Comme Heidegger l'a souligné à juste titre, Kant a plutôt énoncé une nouvelle « thèse sur l'être ». Il a seulement établi une ontologie du sujet à la place de l'ontologie tout court. Mais même cette impression est trompeuse. À d'importantes étapes systématiques de son projet, il répond lui-même à la question de savoir « qu'est-ce que l'existence », affirmant que l'existence ou l'être existentiel, « *Sein* » au sens de « *Dasein* », n'est « manifestement pas un prédicat réel » (*reales Prädikat*), mais « simplement la position d'une chose ou de certaines déterminations en soi. »[1]

Sans entrer dans des considérations exégétiques détaillées, on peut expliciter cette formulation quelque peu obscure en affirmant que Kant conçoit l'existence ou l'être en tant qu'apparaître dans le champ de l'expérience possible. Ce qui existe apparaît dans le champ de l'expérience possible ; des concepts ontologiques comme les modalités, le *Dasein*, l'existence, mais aussi la réalité ne trouveraient aucune application sensée pour nous à l'extérieur de ce champ, dont la philosophie

---

1. Kant, *Critique de la raison pure*, *op. cit.*, p. 1214 *sq.*, A 598/B 626.

transcendantale entend tracer ou saisir les limites. Kant
ne dépasse donc aucunement l'ontologie, mais propose
bien plutôt une nouvelle ontologie. Je ne vois là aucun
déficit ; bien au contraire, cela montre qu'il n'y a aucune
raison d'écarter précipitamment la question « qu'est-ce
l'existence ? » au nom d'un scepticisme ou de restrictions
épistémologiques de la philosophie pour nous contenter
de l'analyse logique du langage ou d'autres conditions
d'accès au monde.

Cela correspond également à l'exigence optimiste de
la philosophie du début du XXIe siècle, qui, en initiant un
tournant ontologique, ne reste pas fidèle au *linguistic turn*.
Des philosophes dans la lignée de Deleuze, mais aussi
bien des philosophes comme Slavoj Zizek, Alain Badiou
et Quentin Meillassoux, que des philosophes comme
Stanley Cavell, David Chalmers, Jonathan Schaffer, Kit
Fine et beaucoup d'autres sont retournés à l'ontologie, qui
se conçoit alors avec des indices systématiques modifiés.
Après le dépassement des limites du dogmatisme (qui
va de pair avec le criticisme), il s'agit de retourner à la
chose même avec une nouvelle fraîcheur. L'ère post-
ontologique est terminée depuis longtemps.

La nouveauté, c'est que la chose même en question
ne se montre plus comme la chose de l'être humain.
Contre la réduction Kantienne de l'existence comme telle
à l'existence des êtres qui apparaissent à l'entendement
humain, et du même coup contre la position centrale de
l'être humain dans le cosmos, on prend enfin au sérieux
cette vue des modernes, selon laquelle l'être humain
n'est qu'un cas de l'être, n'est que quelque chose ou
plutôt quelqu'un d'existant. Certes, l'être humain est
particulièrement intéressant pour les êtres humains.
La connaissance de soi est et reste le plus haut devoir

de l'amour de la sagesse. Toutefois, on ne peut pas comprendre l'être humain si on ne comprend pas tout d'abord ce que c'est que l'existence. Car il pourrait bien s'avérer que l'être humain se trouve dans le monde parce qu'il n'y a pas de saut ontologique entre ce que l'on appelle « l'univers » et l'être humain lui-même. Sur ce point je m'en remets à cette remarque célèbre de Schelling extraite de ses *Aphorismes pour introduire à la philosophie de la nature* : « Le *je* pense, *je* suis, est, depuis Descartes, l'erreur fondamentale en toute connaissance ; la pensée n'est pas ma pensée, l'être n'est pas mon être, car rien n'est que de Dieu et du tout »[1].

Dans ce qui suit, je ne parlerai plus directement du passage de la théorie de la connaissance et de la philosophie du langage à l'ontologie, mais j'esquisserai, en me plaçant résolument *in medias res*, quelques idées fondamentales de l'ontologie des champs de sens. Par « ontologie », j'entends la réponse systématique à la question « qu'est-ce que l'existence ? » ou « que signifie "existence" ? ». Ma réponse à cette question est la suivante : l'existence désigne la propriété d'un champ de sens (*Sinnfeld*) qui fait apparaître un objet ou fait advenir un événement en son sein. Il en découle, comme vous le verrez, qu'il ne peut y avoir de champ de sens universel ou bien comme je le répète volontiers à la manière d'un crieur public : qu'il n'y a pas quelque chose comme *le* monde. Le monde n'existe pas. C'est pourquoi mon retour personnel à l'ontologie n'est pas un retour à la métaphysique ou à l'ontothéologie que

---

1. F. J. W. Schelling, *Aphorismes pour introduire à la philosophie de la nature*, trad. fr. J.-Fr. Courtine, E. Martineau dans *Œuvres métaphysiques (1805-1821)*, Paris, Gallimard, 1980, p. 30.

je conçois comme des théories de la totalité ou du tout absolu. Il n'existe pas de monde universel qui englobe tous les étants, pas plus qu'il n'existerait un principe qui gouvernerait absolument tout. L'ontologie, par opposition à la métaphysique, est un projet anarchiste. C'est pourquoi mon réalisme ontologique, dont il sera question par la suite, est un réalisme anarchiste. Dans le contexte de la philosophie française contemporaine, on pourrait dire que ma position en matière d'ontologie se situe au croisement des *Logiques des Mondes* de Badiou et de la *Logique du Sens* de Deleuze.

Tout ce qui existe se révèle être ainsi rapporté à un champ de sens. Tout ce qui existe est en même temps un objet dans un champ de sens et, selon la manière dont il est indexé, aussi un champ de sens ; c'est ce que j'appelle *la thèse de la convertibilité*. La thèse de la convertibilité va de pair avec une version du transfini, inspirée de Georg Cantor, contre laquelle il faut toutefois objecter que le transfini, même le transfini entendu dans son sens, n'est aucunement un concept qui relève de la théorie des ensembles[1]. On entrevoit ici déjà mes objections contre Badiou.

Dans la première partie de mon exposé, j'introduirai le concept de champ de sens, qui constitue le concept fondamental de mon ontologie des champs de sens.

---

1. C'est là une négligence du πρῶτον ψεῦδος de Guido Kreis, dans Guido Kreis, *Negative Dialektik des Unendlichen. Kant, Hegel, Cantor*, Berlin, Suhrkamp, 2015, qui confond – comme Badiou – la forme de représentation mathématique du transfini avec le transfini lui-même. À l'inverse, László Tengelyi, à la fois juste dans son analyse et historiquement complet, défend une position opposée sur Cantor dans László Tengelyi, *Welt und Unendlichkeit. Zum Problem phänomenologischer Metaphysik*, Freiburg-München, Karl Alber, 2014.

Dans la deuxième partie, il sera ensuite question de la thèse de la convertibilité et du transfini. On pourrait se représenter l'ensemble de façon imagée comme une néo-monadologie de la multiplicité des champs, mais pas des éléments. On pourrait se rapprocher de ce dont il est question ici en traduisant « monade » par « champ de sens » et en éliminant de la monadologie aussi bien l'harmonie préétablie que la *monas monadum*. On pourrait dire également qu'il s'agit d'un *update* de la monadologie permise par la précision du concept d'infini à travers le concept du transfini.

Qu'est-ce que l'existence ?

Nommons « propriétés propres » les propriétés auxquelles nous pouvons nous référer par un prédicat ou un concept de telle sorte que nous pouvons au moins distinguer un objet d'un autre, ou la plupart du temps un même objet de plusieurs autres. Les propriétés propres présupposent toujours *un complément relatif*, à savoir un ensemble fini de concepts en contraste, qui doivent être à notre disposition si nous voulons individuer la propriété propre avec un prédicat. En revanche, *un complément absolu*, c'est-à-dire tout le reste, n'est pas nécessaire. Nous verrons par la suite que « tout le reste », à savoir le complément absolu d'un objet, n'existe pas. Et même si un tel ensemble gigantesque existait, on ne pourrait pas exiger des êtres qui ont la capacité de se servir de concepts de n'attribuer une propriété propre que s'ils peuvent individuer de façon suffisante toutes les autres propriétés. En effet, dans ce cas, nous ne pourrions connaître un objet que si nous savions également quelque chose de tous les autres objets ; ce qui serait une exigence absurde. Être-rouge ou être-chancelière sont des propriétés propres au même titre qu'être-fatigué ou être-une-grande-ville-brésilienne.

Or, la question est de savoir si l'« existence » est une telle propriété propre. Dans la tradition de Kant, de Frege et de Heidegger, je réponds par la négative, mais je n'accepte pas non plus les conséquences que Kant et Frege ont tirées de cette juste observation. Dans la mesure où tous les objets existent dans le monde, ce n'est pas une propriété discriminante pour les objets que d'exister. Tout au plus peut-on affirmer que l'existence est cette propriété propre qui différencie les objets existants des objets inexistants, mais cela veut dire que les objets inexistants appartiennent au monde. Dans ce cas, ils existent. Par conséquent, l'existence ne peut pas être une propriété propre. Au contraire, l'existence est toujours déjà présupposée lorsque nous attribuons des propriétés. Frege l'a souligné de façon particulièrement explicite dans son « Dialogue sur l'existence avec Pünjer » [1]. Or, Kant et Frege ont donné les réponses suivantes à la question de savoir ce qu'est l'existence, s'il est vrai qu'elle n'est pas une propriété propre.

Kant pense l'existence par le biais de sa théorie de la phénoménalité, c'est-à-dire à travers le fait que quelque chose peut arriver et en conséquence apparaître dans le champ de l'expérience possible. Mais cette définition ne va pas sans un certain nombre de difficultés. La difficulté la plus importante consiste à présupposer un champ singulier et universel, celui de l'expérience possible. Or, ce champ-là ne peut pas exister en tant que tel. S'il existait, il apparaîtrait. Nous pourrions faire l'expérience

---

1. G. Frege, « Dialogue sur l'existence avec Pünjer », *Écrits posthumes*, Ph. de Rouillhan, Cl. Tiercelin (éd.), Nîmes, Jacquelin Chambon, 1994.

de l'expérience possible. Mais cela est impossible, justement parce que Kant introduit la méthode de la « réflexion transcendantale », c'est-à-dire de la réflexion sur les structures nécessaires et générales du champ, réflexion qui se distingue des analyses immanentes au champ. Toutefois, si le champ de l'expérience possible n'existait pas, alors il n'existerait plus rien, puisque rien n'existe nulle part de façon immédiate, hors du champ de l'expérience possible. À ce niveau coïncident en effet l'idéalisme transcendantal et le nihilisme, comme Jacobi le craignait à juste titre. Le problème, c'est donc que Kant ne reconnaît qu'un seul champ. C'est là une restriction moniste mal placée, qu'il assouplit certes dans la *Critique de la faculté de juger*, mais qu'il ne supprime jamais totalement, puisqu'il est tenu d'une manière ou d'une autre, comme il l'écrit, par « l'idéal transcendantal de la raison pure », par « l'idée d'un tout de la réalité »[1].

Frege, habituellement assimilé à tort à Kant sur ce point, approuve certes la formule kantienne selon laquelle l'être n'est pas un prédicat réel, mais ne pense aucunement l'existence comme « position ». Il la pense précisément à l'inverse, analogue au fait de « nier le nombre zéro »[2]. Frege interprète « l'existence » comme la propriété d'ordre supérieur (*höherstufig*) d'un concept de contenir quelque chose, à savoir d'être circonscrit (*Umfang*), ou pour user des termes de Frege, d'avoir une quantité (*Anzahl*) supérieure à celle de tous les concepts qui ne contiennent rien. C'est de cette façon qu'émerge

---

1. Kant, *Critique de la raison pure*, *op. cit.*, p. 1198, A 575 *sq.*/B 603 *sq.*

2. G. Frege, *Les fondements de l'arithmétique. Recherche logico-mathématique sur le concept de nombre*, trad. fr. Cl. Imbert, Paris, Seuil, 1969, § 53, p. 180.

l'idée fondamentale du quantificateur d'existence, qui a donné naissance à la fameuse formule de Quine : « être, c'est être la valeur d'une variable »[1] ; être/exister, c'est être la valeur (effective et actuelle) d'une variable (liée, et de premier ordre). Ce qui existe est contenu dans un concept, que ce soit parce que ce qui existe tombe sous un concept, ou qu'il satisfait à des fonctions conceptuelles. Il en résulte qu'il n'y a rien sans concept de même qu'il n'y a rien, selon Kant, sans expérience possible et donc sans la possibilité de l'expérience.

Ces deux thèses de l'existence comme phénomène et de l'existence comme ce qui est contenu dans un concept correspondent à deux exagérations idéalistes. Pourtant, qu'il existe des volcans ne consiste ni dans le fait de pouvoir en faire l'expérience ni dans le fait que les volcans soient contenus dans le concept – *est un volcan*. Bien sûr, on peut également proposer une autre lecture de Kant et de Frege, et faire d'eux des représentants du réalisme ontologique. Toutefois Kant restera toujours un vérificationiste anti-réaliste et Frege sera forcé d'accepter l'existence de concepts indépendants du sujet, même s'il s'agit de concepts que nous ne pourrions fonder empiriquement avec une méthode qui serait à notre disposition, de concepts que nous ne saisirons pas ni ne pourrons saisir. Plutôt que de m'attarder sur la question de savoir en quel sens Kant pourrait être le représentant d'un réalisme ontologique sans vérificationisme anti-réaliste ou comment Frege pourrait être un platonicien sans lien avec nos pratiques discursives, donc sans lien avec une logique utilisable, je préfère affirmer de façon concise que l'idéalisme sémantique, dans une version ou

---

1. Willard V. O. Quine, « "De ce qui est" », *op. cit.*, p. 43.

une autre, se trouve au bout de l'impasse de la tradition de Kant et de Frege. C'est pourquoi ils ont tous les deux grand-peine à s'acquitter de l'idéalisme dit « subjectif », présent dans les prémisses même de leur approche philosophique.

Mais comment se présente l'existence si ce n'est pas, comme nous l'avons vu, en tant que propriété propre ? Maintes tentatives plausibles de répondre à cette question après Kant et Frege convoquent la théorie des ensembles et comprennent l'existence selon le modèle du prédicat d'appartenance (*Elementschaftsprädikat*) comme l'appartenance de quelque chose à un ensemble (*als Mengenzugehörigkeit*). Ce faisant, on réduit l'existence à être une quantité. Toutefois, on ne se demande pas toujours *combien* de X existent lorsque l'on demande *si* X existe. Cela s'oppose à l'explication de l'existence qui a recours à un quantificateur d'existence [1]. Par ailleurs, de manière plus décisive, il y a beaucoup de choses qu'il est insensé de quantifier, par exemple des entités vagues comme les frontières spatiales d'une chose ou des œuvres d'art. Il existe des domaines vagues d'objets qui ne se laissent pas aisément quantifier. Sur ce point, il n'est pas inutile de se souvenir du geste fondateur d'une ontologie basée sur la théorie des ensembles, à savoir de l'œuvre de

---

1. Pour plus de détails à propos de mes objections à l'encontre de l'identification de l'existence et de la quantification, voir le débat dans T. Buchheim (dir.), *Markus Gabriel : Neutraler Realismus*, *op. cit.* Parmi les nombreux propos critiques de l'ontologie contemporaine qui se détournent pour différentes raisons de l'équivalence entre l'existence et la quantification, *cf.* G. Priest, *One. Being an Investigation Into the Unity of Reality and of Its Parts, Including the Singular Object Which Is Nothingness*, Oxford-New York, Oxford University Press, 2014 et J. Azzouni, *Deflating Existential Consequence. A Case for Nominalism*, Oxford-New York, Oxford University Press, 2004.

Georg Cantor. Cantor insiste sur le fait que la formation d'un ensemble présuppose un *double acte d'abstraction*, qui constitue notre accès aux nombres cardinaux, ou plus exactement au concept fondamental de la théorie des ensembles. Selon Cantor, on obtient un ensemble pertinent pour la théorie mathématique des ensembles « en faisant abstraction de la nature des différents éléments m et de leur ordre »[1]. Cette abstraction constitue avant tout une quantité « qui se présente comme l'image ou la projection de l'ensemble M dans notre esprit »[2].

En ce sens, il n'existe rien de tel que l'ensemble de tous les volcans. Si on fait abstraction à la fois de la qualité des volcans et du classement de leur être-donné, on n'a plus du tout affaire à des volcans, mais à l'idée d'une pure extension, également opératoire dans la théorie des ensembles. Frege était donc sur la bonne voie avec son logicisme lorsqu'il voulait définir les nombres exclusivement sur la base de l'abstraction d'un langage précis par excellence, qui ne nécessite aucun concept vague dans la mesure où ceux-ci n'ont pas d'extension. C'est en tout cas suffisant pour les mathématiques. Mais cela ne fait pas avancer l'ontologie, puisque dans ce domaine il existe beaucoup de choses auxquelles nous ne pouvons pas nous rapporter avec des concepts précis[3]. Comme on le voit, la théorie des ensembles n'a pas de valeur ontologique, parce que tous les existants ne peuvent pas être considérés comme des éléments d'un ensemble au sens strict.

1. G. Cantor, « Sur les fondements de la théorie des ensembles transfinis », trad. fr. F. Marotte, dans *Mémoires de la Société des Science physiques et naturelles de Bordeaux* 3 (1899), p. 343-437, p. 344.
2. *Ibid.*
3. J. Benoist, *Concepts. Introduction à l'analyse*, *op. cit.*

L'existence n'est donc ni quelque chose de conceptualisable ni le prédicat élémentaire de la théorie des ensembles. Néanmoins, ce n'est pas une propriété propre. Réfléchissons ! L'option de la définir par le concept résulte de l'abstraction du sens, telle que Frege l'a introduite. L'existence est exclusivement liée à des significations, à des *Bedeutungen* frégéennes, autrement dit à la référence des concepts, pas à leur sens. Le sens constitue par conséquent tout au plus notre accès à l'existence, mais n'entre pas proprement en ligne de compte pour celle-ci. On peut illustrer cela à l'aide de l'allégorie frégéenne du télescope :

> On peut observer la lune au moyen d'un télescope. Je compare la lune elle-même à la dénotation ; c'est l'objet de l'observation dont dépendent l'image réelle produite dans la lunette par l'objectif et l'image rétinienne de l'observateur. Je compare la première image au sens, et la seconde à la représentation ou intuition. L'image dans la lunette est partielle sans doute, elle dépend du point de vue de l'observation, mais elle est objective dans la mesure où elle est offerte à plusieurs observateurs[1].

Souvenons-nous de l'idée qui se cache derrière la distinction frégéenne entre sens et signification ou sens et dénotation. Si l'on veut comprendre aussi bien *le caractère informatif* que *l'absence de contradiction* des énoncés d'identité, on peut dire que de tels énoncés affirment que la même chose est donnée de deux façons différentes. La pensée « le trente-neuvième gouverneur de Californie est Hercule à New York » est vraie précisément parce qu'Arnold Schwarzenegger est à

---

1. G. Frege, *Écrits logiques et philosophiques*, trad. fr. Cl. Imbert, Paris, Seuil, 1971, « Sens et dénotation », p. 102-126, p. 106.

la fois le trente-neuvième gouverneur de Californie et Hercule à New York. De même le Vésuve est, vu de Lungomare à Naples, le même volcan que le Vésuve vu de Sorrente. Or, selon Frege, nous n'avons aucun accès aux objets indépendamment du sens. Une signification pure ne nous est pas du tout accessible. Car même des noms propres comme « Arnold Schwarzeneger » et « le Vésuve » ont un sens, comme Frege l'écrit dans un passage remarquable et souvent négligé :

> Le sens d'un nom propre est donné à quiconque connaît suffisamment la langue ou l'ensemble des désignations dont il fait partie ; mais la dénotation du signe, à supposer qu'elle existe, n'est jamais donnée en lumière. Une connaissance parfaite de la dénotation serait telle que, de tout sens donné, on pourrait décider s'il convient ou non à cette dénotation. Ce qui n'est jamais en notre pouvoir [1].

Comme Frege le remarque également, on ne peut pas non plus prouver qu'il y a des dénotations en général, puisque dans la mesure où « on saisit un sens, on ne possède pas encore avec certitude une signification » [2]. Lorsque nous nous rapportons à des objets, nous partons du principe qu'ils existent : « nous présupposons une signification » [3]. Par conséquent, l'identité est une

---

1. *Ibid.*, p. 104. (« Der Sinn eines Eigennamens wird von jedem erfaßt, der die Sprache oder das Ganze von Bezeichnungen hinreichend kennt, der er angehört ; damit ist die Bedeutung aber, falls sie vorhanden ist, doch immer nur einseitig beleuchtet. Zu einer allseitigen Erkenntnis der Bedeutung würde gehören, daß wir von jedem gegebenen Sinne sogleich angeben könnten, ob er zu ihr gehöre. Dahin gelangen wir nie »).

2. *Ibid.*, p. 104.

3. *Ibid.*, p. 107.

présupposition, mais elle n'est pas un objet. La même chose vaut pour l'identité du sens dans la mesure où nous nous rapportons au sens. Mais il s'ensuit que le sens même existe. Et c'est précisément de cette circonstance-là dont il faut tenir compte.

En un sens encore frégéen, même si ce n'est pas dans l'esprit de Frege, mais orienté différemment, je nomme quant à moi « champs de sens » les domaines d'objets qui sont individués seulement par le fait qu'un sens participe à leur constitution. Les champs de sens ne font par conséquent abstraction ni de la qualité ni du classement de l'être-donné de ce qui apparaît en eux. Ainsi, une œuvre d'art est un champ de sens, mais le Vésuve aussi, tel qu'on peut l'observer de Naples. Le Vésuve est un champ de sens au même titre que la théorie des ensembles.

Ainsi, je maintiens *cum grano salis* le concept frégéen de sens, tout au moins de façon minimale. Il est bien connu que Frege conçoit le sens comme « mode d'être-donné ». À présent, la question est de savoir ce qui fait d'un mode d'être-donné qu'il est ce qu'il est. En faisant quelques détours dont je vous épargne les détails, on peut ici rendre féconde une pensée de Putnam. Introduisons à cette occasion ce que j'appelle *le monde des dés*. Le monde des dés se compose d'un dé blanc, d'un dé rouge et d'un dé bleu, qui se trouvent sur une table. Imaginons maintenant que nous demandions à un passant pas du tout philosophique combien d'objets se trouvent sur la table. Dans ce cas, on pourrait s'attendre à la réponse « trois » – ce qui n'est d'ailleurs pas une thèse sociologique ou statistique qui concernerait notre conception des citoyens vivant dans l'attitude naturelle. Mais on pourrait également penser qu'un chimiste passe par là, pour qui le terme « objet » ne fait pas référence aux dés, mais aux particules élémentaires, de telle façon que la réponse juste ne serait pas « trois », mais « n » ; « n » étant ici beaucoup plus grand que trois. Mais on pourrait aussi compter les côtés des dés ou bien considérer l'ensemble des dés comme une unique œuvre d'art, par exemple, comme représentation du drapeau français ou des couleurs du cinéma de David Lynch. Dans tous ces cas, on donnerait des réponses différentes, mais simultanément justes, voire objectives. Dans le monde des dés, le sens serait la règle à chaque fois différente que l'on utilise pour compter ou plutôt pour établir un nombre d'objets. De façon générale, le sens est le mode d'être-donné qui est propre à un domaine d'objet. Ainsi le sens est aussi pluriel que l'existant. Il y a beaucoup de sens, disons pour être plus exact qu'il y a du sens de façon transfinie. Il y a même, comme le montre le monde des dés, beaucoup plus de sens que d'objets, ce qui est particulièrement visible lorsqu'on définit exclusivement les objets en passant par les dénotations frégéennes.

Ce qui existe apparaît dans un champ de sens. Les champs de sens aussi apparaissent dans des champs de sens d'un autre ordre, raison pour laquelle ils existent eux aussi. Je considère cela comme une analyse ontologique de la conception (*Einsicht*) selon laquelle tout existe, et dont l'objectif est de savoir dans quel champ de sens cela apparaît. Il y a des licornes, par exemple, dans les contes, et Jesus a traversé le lac de Genezareth et a ressuscité au troisième jour, par exemple dans les Évangiles. En outre, il y a des entités contradictoires, par exemple dans le champ de sens de l'impossible, ou tout au moins dans le domaine des états mentaux, puisque nous pouvons nous représenter ou noter des contradictions.

Bien que tout existe, il y a bien une chose qui n'existe pas, à savoir le champ de sens universel (*allumfassend*). Rien n'englobe tout ce qui existe et c'est pour cette raison que personne ne peut jamais tout comprendre. La finitude est, pour ainsi dire, un fait ontologique. On pourrait certes vouloir prouver cela en invoquant l'antinomie de Russell ou le théorème de Cantor, comme le font entre autres Adrian Moore, Patrick Grim et Alain Badiou. Pourtant, les arguments de la théorie des ensembles ne relèvent pas vraiment de l'ontologie, ce que l'on peut aisément déduire du fait qu'il n'y a pas seulement de pures extensions, si l'on y regarde de plus près, qui existent dans la théorie des ensembles. La multiplicité pure ou inconsistante de Badiou n'existe que dans sa théorie. En matière d'ontologie, Badiou n'est donc ni réaliste ni matérialiste, mais radicalement idéaliste.

Pour parvenir à une négation de la totalité qui soit appropriée à ce que j'ai développé jusqu'à présent, je définis d'emblée l'existence comme *la propriété d'un champ de sens, selon laquelle quelque chose apparaît en lui.* Les phénomènes sont ainsi tout à fait qualitatifs et déterminés par les modes d'être-donné. C'est pourquoi ils sont également accessibles conceptuellement, bien que cette circonstance n'est pas constitutive du fait que quelque chose apparaît. Beaucoup de choses qui ne sont pas conceptuellement accessibles en n'importe quel sens du terme existent quand même. Par exemple, le nombre de cheveux qui existent sur la tête de Leibniz au moment de l'achèvement de la *Monadologie* existent. Ce nombre existe, mais il n'est accessible qu'en principe et de façon supposée ; jamais de façon réelle. Selon toute vraisemblance, nous ne trouvons pas d'accès.

Un champ de sens universel devrait pouvoir *ex hypothesi* apparaître dans un champ de sens pour pouvoir exister. Dans ce cas, le champ universel de sens apparaissant serait, tout au moins grâce à sa propriété d'apparaître en lui-même (de s'auto-apparaître), entouré d'un champ de sens encore plus universel et ainsi distingué du champ de sens proprement universel. Par conséquent, il y a toujours au moins un champ de sens qui est encore plus universel. Les stratégies argumentatives ne manquent pas pour le montrer. Je vais vous en présenter une dans ce qui suit. Retournons pour cela à l'allégorie des dés !

Pour répondre à notre question, nous devons nous référer au monde du sens. Cependant, dans quel champ de sens cela est-il possible ? Visiblement, seulement dans un champ de sens qui se trouve dans ce cas déjà à un troisième niveau. Car ce champ se rapporte au sens, au sein duquel les objets apparaissent. Ce monde de troisième niveau, le monde du sens du sens fixe le mode d'apparaître du sens. Dans le monde du sens, on n'a donc pas encore pris le monde du sens du sens en compte, si bien que le monde des sens ne peut pas être complet, puisque le monde du sens du sens est constitutif pour le monde du sens.

Ainsi, on voit que l'on ne peut pas formuler un champ de sens dans lequel à la fois les objets et les sens eux-mêmes apparaissent complètement épuisés. Pour prêter encore une fois ma voix à Schelling, on peut dire que « la base insaisissable de leur réalité, le résidu absolument irréductible [1] » consiste dans cette incomplétude, et

---

1. F. J. W. Schelling, *Recherches philosophiques sur l'essence de la liberté humaine et les sujets qui s'y attachent*, trad. fr. J.-Fr. Courtine, E. Martineau, dans *Œuvres métaphysiques (1805-1821)*, *op. cit.*, p. 146.

Schelling poursuit en ces termes : « Sans cette obscurité préalable la créature n'aurait aucune réalité ; les ténèbres lui reviennent nécessairement en partage [1] ». Ce principe d'incomplétude est un principe ontologique qui ne vaut pas seulement pour les systèmes formels. La réalité même est également incomplète à l'instar du monde, bien qu'il soit vrai en même temps que tout existe. Tout existe, mais il n'y a pas de lieu universel dans lequel une totalité telle que *le* tout pourrait apparaître. Tout existe, mais tout ne co-existe pas. La seule chose à laquelle le concept d'existence ne peut pas s'appliquer est le tout. Tout existe, sauf le tout, qui est en fait le non-vrai, comme Adorno le déclarait contre Hegel, mais animé par d'autres intentions.

La thèse de convertibilité, à laquelle j'ai fait brièvement référence dans l'introduction, est le pendant, dans l'ontologie du champ de sens, de la conception de Badiou de la théorie des ensembles, selon laquelle il n'y a pas d'éléments mais seulement des ensembles. Au bout du compte, tous les objets sont en même temps des champs de sens, ce qui s'exprime au niveau sémantique dans le fait que les noms propres aussi ont un sens. J'affirme donc en toute conscience que le Vésuve vu de Naples existe exactement au même titre que le Vésuve tout court. Il n'y a pas de domaine d'objets singulier, structuré de façon homogène, de monde, de nature ou d'univers, sur lequel se dirige notre connaissance orientée sur le sens. Nous sommes bien plutôt jetés dans le sens, dans sa pluralité jamais épuisable par aucune théorie.

---

1. F. J. W. Schelling, *Recherches philosophiques sur l'essence de la liberté humaine, op. cit.* p. 146.

Je contredis ainsi la *Logique du sens* de Deleuze, qui affirme que « le sens est produit »[1]. Au contraire, je suis d'une certaine façon plus platonicien que Platon et j'affirme que nous sommes jetés dans les sens. Il y a du sens, en effet, il y a des pensées et nous les saisissons. Ce que nous mettons en évidence tout au plus est précisément cette circonstance, cet être-jeté sémantique, puisque nous ne pourrions pas être jetés sans nous-mêmes, à savoir de façon totalement désintéressée dans la pensée. Pourtant les concepts et les pensées ne sont pas dans nos mains, parce qu'ils sont liés à la vérité que nous ne mettons pas non plus en évidence, mais que nous cherchons précisément parce qu'elle est présente là, indépendamment de nous. Le véritable enchantement du monde dépasse ainsi en même temps le nihilisme : nous devons seulement reconnaître que tout est plein de sens pour faire varier un terme originaire de la philosophie, à savoir la thèse de Thalès, selon laquelle tout est plein de dieux (au pluriel).

SENS TRANSFINI

Parmi les sympathisants de la théorie des ensembles, rares sont ceux qui s'engagent dans la métaphysique propre de Cantor. Pourtant, c'est précisément dans l'omission de ce qu'il nomme de façon concise « l'absolu » que se trouve un autre élément de la théorie, avec lequel l'ontologie du champ de sens que je propose est en accord. Cependant, il est aussi décisif d'opérer ici les modernisations nécessaires.

Cantor fait une différence entre Dieu et le monde. Il caractérise Dieu comme absolu et le monde comme

---

1. G. Deleuze, *Logique du sens*, Paris, Minuit, 1969, p. 88.

transfini. Le transfini est un infini-actuel multipliable. Pour tout numéro ordinal de telle grandeur, il existe un numéro plus grand, si chacun de ces numéros caractérise aussi déjà quelque chose relevant de l'infini-actuel. Ainsi, l'ensemble des entiers naturels est infini-actuel, mais plus petit que l'ensemble des nombres réels. C'est dans ce sens que le transfini est multipliable. Par contre, l'absolu doit être non-multipliable et ne relève pas du domaine des mathématiques.

> Le transfini avec sa plénitude de figurations et de formes renvoie nécessairement à un absolu, au « vrai infini » (*wahrhaft Unendliche*), à la grandeur duquel rien ne peut être ajouté ou enlevé et qui doit donc être considéré quantitativement comme un maximum absolu. Ce dernier dépasse dans une certaine mesure le pouvoir que l'être humain a de les saisir et échappe nommément à la détermination mathématique [1].

D'après cet extrait, il semble que l'absolu puisse être considéré comme un maximum quantitatif. Mais le maximum absolu serait alors encore accessible pour les mathématiques, même si ce n'est pas de façon déterminée. Dans un autre passage, Cantor transpose des concepts mathématiques dans le champ du monde

---

1. G. Cantor, *Gesammelte Abhandlungen mathematischen und philosophischen Inhalts*, Berlin, Springer, 1932, « Mitteilungen zur Lehre vom Transfiniten », p. 378-439, p. 405 : « Das Transfinite mit seiner Fülle von Gestaltungen und Gestalten weist mit Notwendigkeit auf ein Absolutes hin, auf das "wahrhaft Unendliche", an dessen Größe keinerlei Hinzufügung oder Abnahme statthaben kann und welches daher quantitativ als absolutes Maximum anzusehen ist. Letzteres übersteigt gewissermaßen die menschliche Fassungskraft und entzieht sich namentlich mathematischer Determination » (traduit de l'allemand par Virginie Palette).

en général, qu'il conçoit comme « *infinitum creatum sive Transfinitum* »[1]. On peut aussi dire :

> Par rapport au nombre actuel-infini des êtres particuliers créés ainsi que par rapport à la totalité du monde (*Weltall*) et déjà aussi par rapport à notre terre et, selon toute vraisemblance, même dans chaque partie étendue de l'espace, si petite soit-elle. Sur ce point je suis parfaitement d'accord avec Leibniz[2].

Mais, à la différence de Frege, Cantor ne reconnaît pas que ses remarques sur les nombres cardinaux comme « concepts généraux » ne valent que pour des concepts précis, comme il devrait pourtant le faire, puisque, selon sa conception, les ensembles se composent « d'objets de notre conception m, déterminés et bien distincts »[3]. Ni la soi-disant totalité du monde, le *Weltall*, ni l'absolu au sens de Cantor ne se laissent décrire mathématiquement. Au contraire, les mathématiques forment seulement un champ de sens parmi beaucoup d'autres qui se multiplient de façon transfinie. L'absolu n'est pas distinct du monde en tant que maximum. Mais l'absolu est bien plutôt le transfini, dans lequel un nombre transfini de champs de sens apparaissent. C'est pour ainsi dire le « plan de l'immanence », tel que Deleuze le nomme, bien qu'on doive relever qu'il ne s'agit pas dans ce plan

---

1. *Ibid.*, p. 399.

2. *Ibid.* : « (…) in Beziehung auf die, meiner festem Überzeugung nach, aktual-unendliche Zahl der geschaffenen Einzelwesen sowohl im Weltall wie auch schon auf unserer Erde und, aller Wahrscheinlichkeit nach, selbst in jedem noch so kleinen, ausgedehnten Teil des Raumes, worin ich mit Leibniz ganz übereinstimme » (traduit de l'allemand par Virginie Palette).

3. G. Cantor, « Sur les fondements de la théorie des ensembles transfinis », *op. cit.*, p. 343.

d'immanence d'une substance ni de quelque chose qui
pourrait exister. Le concept d'existence ne trouve aucune
application ici. Il y a pour ainsi dire – pardonne-moi,
Spinoza ! – un nombre transfini d'attributs, mais qui ne
sont pas des attributs de la substance. Les objets fixes
n'existent que de façon immanente au champ de sens
comme présuppositions du sens. Le sens présuppose qu'il
existe des significations qui sont des modes d'être-donné
de quelque chose. Ce qu'est ce quelque chose n'apparaît
jamais indépendamment du sens. J'en viens maintenant à
quelques remarques conclusives.

TROIS OBJECTIONS

Pour terminer, j'aimerais répondre à trois objections
qui ont été élevées contre l'ontologie des champs de sens.
La première objection redoute une régression infinie ou
une variante de l'antinomie russellienne, et recommande
par conséquent de prendre des mesures en vue d'éliminer
cette crainte. La deuxième objection affirme que le monde
existe bien dans mon ontologie, à savoir dans le champ du
sens de l'impossible ou du faux. La troisième objection
avance qu'il n'y a que des critères sémantiques d'identité
et pas de critères ontologiques, si bien que je suis en train
de décrire au mieux des structures d'ordre logique, mais
en aucun cas des structures d'ordre ontologique.

Au sujet de la première objection : comme il ne
s'agit pas, dans les champs de sens, d'ensembles, il n'est
pas possible qu'intervienne une version de l'antinomie
de Russell. Celle-ci exclut les mesures de réparation
standardisées et attestées dans la théorie des ensembles
sous la forme de l'élaboration de systèmes axiomatiques
consistants pour les champs de sens. S'il y avait des

systèmes axiomatiques et des règles conclusives appropriées ainsi qu'un prédicat univoque de vérité, qui se répandait sur tous les champs de sens, il y aurait éventuellement un algorithme universel très complexe avec un domaine universel d'objet. Pourtant, cela est précisément exclu par l'argumentation selon laquelle il n'y a pas de champ universel de sens. Par conséquent, ma version d'un pas-tout constitutif exclut également le déclencheur d'une régression infinie. Car une telle régression n'advient que si une opération singulière est répétée à l'identique. Mais une telle opération de génération de champ de sens serait un algorithme universel, impossible en tant que tel.

J'en viens alors à la deuxième objection. Le monde n'existe-t-il pas précisément dans le champ de sens de l'impossible ? Concrètement, j'ai affirmé qu'il est impossible que le monde existe, si bien qu'il semble au moins exister dans le champ de sens de cette phrase. Pourtant, l'argument selon lequel le monde apparaissant n'est pas identique au monde dans lequel il apparaît est juste. C'est pourquoi le monde dans lequel tout apparaît n'apparaît jamais, même dans le champ de sens de l'impossible. Le monde apparaissant dans le champ de sens de l'impossible est tout au plus un doublet inquiétant du tout inexistant et on pourrait d'ailleurs soupçonner – ce que je ne pourrai pas me permettre ici – que le personnage romantique littéraire et cinématographique du doublet est un phénomène de l'inexistence du tout, une expression du caractère en fin de compte fragmentaire du tout. Mais ceci me ferait dévier dans l'ontologie psychanalytique de Lacan.

La troisième objection est l'expression de la théorie moderne de la connaissance par excellence. Selon cette objection, les critères d'identité doivent être discursifs. Cependant, dans quelle mesure est-ce une propriété discursive d'Arnold Schwarzenegger de se distinguer de la Californie ? Qu'Arnold Schwarzenegger ait nécessairement d'autres propriétés que la Californie ou que la lune (dans le cas contraire il ne serait pas suffisamment distinct d'un point de vue ontologique) n'est pas une propriété qui lui revient à lui seul parce que nous la lui attribuons. Il existe des critères d'identité ; les choses mêmes ont déjà leurs propriétés normatives. Car toutes les propriétés normatives sont aussi des propriétés de leurs champs de sens. Plus précisément : certains champs de sens possèdent une normativité interne, puisque le sens vaut pour tout ce qui peut apparaître en eux, parce qu'il prescrit ce qui peut apparaître en lui. Pour quelques champs de sens, par exemple pour le champ de sens du convenable ou celui du comportement plein de tact, le sens est normatif, pour d'autres plutôt descriptif. Le sens normatif existe ; il y a des valeurs. Seulement, elles n'existent pas dans le même champ de sens que la lune ou que les gènes. L'introduction détotalisante du concept de champ de sens dans le discours implique l'impossibilité d'un domaine singulier et homogène d'objet et dépasse ainsi le nihilisme, qui fonde la normativité sur la discursivité et oppose être et devoir. Tous les critères d'identité ne sont pas discursifs.

Au début de mon propos, j'ai cité, sans la commenter, la thèse de Schelling qui met Dieu en relation avec le tout. Toutefois, nous savons à présent que le tout n'existe pas. En même temps nous avons effectué des passages qui ont institué des contextes. Ainsi, nous avons peut-être eu une rencontre avec le « roi des lacunes », auquel Fernando Pessoa a dédié un de ses poèmes en langue anglaise. Afin de conclure ce propos, je me permets de suggérer une relation, devenue plutôt inactuelle dans mon pays, entre pensée et poésie, à l'aide des vers d'un poète qui n'est toujours pas suffisamment reconnu pour ses qualités philosophiques :

The King of Gaps

> There lived, I know not when, never perhaps –
> But the fact is he lived – an unknown king
> Whose kingdom was the strange Kingdom of Gaps.
> He was lord of what is twixt thing and thing,
> Of interbeings, of that part of us
> That lies between our waking and our sleep,
> Between our silence and our speech, between
> Us and the consciousness of us ; and thus
> A strange mute kingdom did that weird king keep
> Sequestered from our thought of time and scene.
> Those supreme purposes that never reach
> The deed – between them and the deed undone
> He rules, uncrowned. He is the mystery which
> Is between eyes and sight, nor blind, nor seeing.
> Himself is never ended nor begun,
> Above his own void presence empty shelf.
> All He is but a chasm of his own being,
> The lidless box holding not-being's no-pelf.

> All think that he is God, except himself.

Fernando Pessoa [1]

---

1. F. Pessoa, *A Little Larger Than the Entire Universe. Selected Poems*, London, Penguin, 2006, p. 420.

Chapitre 2

UN ARGUMENT CARTÉSIEN EN FAVEUR DU PLURALISME ÉPISTÉMOLOGIQUE [1]

Rares sont les philosophes qui sont victimes, au point où l'est Descartes, des préjugés insensés venant en particulier de la théorie de la connaissance et de la philosophie de l'esprit. On prétend que Descartes aurait eu recours au doute radical afin de montrer que nous avons un accès privilégié à nos états mentaux qui n'est pas exposé à la correction ou l'erreur. Descartes aurait également prouvé qu'il ne peut y avoir ni de monde extérieur ni aucun savoir objectif, mais que nous pouvons cependant avoir des pensées vraies sur nous-mêmes avec une certitude totale. Donc, il serait le représentant d'une asymétrie épistémique assez radicale, aussi radicale que le scepticisme qui prétend la fonder. J'estime que ces considérations ne sont pas seulement inadéquates d'un point de vue historique et exégétique ; elles sont surtout erronées d'un point de vue philosophique.

1. Texte retouché de la conférence donnée le 27 septembre 2014 à l'Université Paris I Panthéon-Sorbonne, dans le cadre du colloque international « Scepticisme et connaissance de soi », organisé par David Zapero et Jocelyn Benoist. Traduit de l'allemand par Virginie Palette.

Je voudrais profiter de l'occasion d'être à Paris, où l'on sait apprécier à sa juste valeur l'importance de Descartes, pour développer un argument cartésien. Selon cet argument, il nous est impossible de recourir au doute radical et de défendre la position sceptique correspondante dans la mesure où nous disposons de diverses formes de savoir. Il est impossible d'unifier ces formes en disant que le savoir a toujours la même forme, qu'il relève d'une attitude propositionnelle déterminée : celui qui sait, sait que p. Bien sûr, il y a, d'ordinaire, d'autres formes de savoir : par exemple pouvoir (c'est-à-dire savoir comment on fait quelque chose) et connaître ce que signifie un rapport intentionnel adéquat à l'objet, quel que soit son mode de transmission, cognitif ou linguistique.

Par contraste, la thèse originale que j'attribue à Descartes peut être formulée de la façon suivante : il y a plusieurs formes de savoir propositionnel qui ne sont pas liées entre elles par le fait que l'on sait dans tous les cas que p. Ici, on peut facilement devenir victime de la grammaire. C'est précisément contre cela que Descartes lutte en recourant à l'expérience de pensée du scepticisme, afin de montrer qu'il n'existe effectivement pas de savoir comme tel, ce qui n'implique pas pour autant que nous ne savons rien. Bien au contraire, nous ne savons quelque chose que dans la mesure où il existe une forme déterminée de savoir avec des conditions spécifiques. Savoir quelque chose veut dire affirmer quelque chose dans le cadre d'une forme déterminée de savoir, si bien qu'il est possible d'obtenir des convictions vraies et justifiées, que l'on peut défendre pour des raisons déterminées. Mais cette caractérisation générale ne conduit pas à affirmer qu'il y a un concept général de savoir, neutre vis-à-vis du problème de ce qui doit valoir comme justification dans différents contextes de formes de savoir.

L'argument de Descartes selon lequel il est impossible de formuler de façon satisfaisante un scepticisme général se développe en trois temps : *la faillibilité, l'argument du rêve* et *le malin génie*. Il nous rappelle d'abord que les prétentions du savoir sont susceptibles d'erreur. Une prétention du savoir est soumise à des conditions de réussite, qui ne sont pas nécessairement remplies. De toute façon, des conditions qui seraient nécessairement remplies, ne seraient pas des conditions [1]. Car une condition est quelque chose qui, par définition, peut soit être rempli, soit ne pas l'être. Lorsque nous affirmons que quelque chose est conditionné, nous affirmons que l'antécédent d'un conditionnel a une valeur de vérité contingente ; autrement dit, il peut être vrai ou faux. À cet égard, les *conditions* (*Bedingungen*) se distinguent des *conditionnels* (*Konditionale*) *en général* : nous pouvons formuler des conditionnels dont les antécédents sont nécessairement vrais, alors que les conditions de quelque chose présentent des valeurs de vérité contingentes dans leurs antécédents, même si elles possèdent également la forme logique des conditionnels. Le fait qu'il fasse assez clair pour que je puisse voir ma tasse de café conditionne le fait que je vois ma tasse de café. En effet, il pourrait également faire trop sombre. De toute évidence, cette condition se distingue des conditionnels tels que : si une

---

1. Sur ce point, je vous renvoie à mon article concernant « le caractère incomplet des faits ». *Cf.* M. Gabriel, « Die Endlichkeit der Gründe und die notwendige Unvollständigkeit der Tatsachen », dans J. Nida-Rümelin, E. Özmen (dir.), *Die Welt der Gründe. Deutsches Jahrbuch Philosophie* 4 (2012), p. 696-710.

tasse est bien une tasse, alors mon matelas est bien un matelas. Car dans certaines interprétations (qui fixent la signification de « tasse » ou « matelas » de telle façon qu'elles se rapportent à la tasse ou au matelas), de tels conditionnels mettent en jeu des vérités nécessaires. Les vérités nécessaires et logiques valent de façon inconditionnée. La relation entre l'antécédent et le conséquent est conçue de telle façon que le conditionnel vaut comme nécessairement vrai. Bien que les conditions présentent la forme logique des conditionnels, il faut bien remarquer que leurs antécédents présentent une valeur de vérité contingente.

Le fait que nous soyons faillibles dépend d'un ensemble de conditions, que l'on peut exprimer dans la forme des conditionnels. Certaines des conditions du savoir peuvent nous être inconnues, ce qui est un des cas où se manifeste notre faillibilité : à mon insu, quelqu'un a remplacé ma tasse de café par une imitation contenant du chocolat, si bien qu'il m'est maintenant impossible d'y verser du café. Lorsque je prétends savoir que la tasse de café se trouve devant moi – puisque je la vois –, il se pourrait bien que je me trompe, car la tasse pourrait être une imitation, ce dont je m'apercevrais si je tentais de verser du café chaud à l'intérieur.

Or, l'argument de Descartes stipule que de tels raisonnements sur notre faillibilité ne sont pas encore assez harmonieux pour nous procurer une image de la faillibilité de notre savoir en général. Jusqu'à présent, nous n'avons traité que des conditions de savoir isolées pour des prétentions concrètes, conditions qui peuvent être remplies ou non. Cela débouche éventuellement sur un soupçon légitime à ce sujet : en effet, toute prétention simple de savoir pourrait être fausse, dans la mesure où elle ne remplit pas certaines de ces conditions d'une façon spécifique. Mais cela n'implique pas encore d'avoir développé un soupçon légitime à ce sujet, que les prétentions de savoir pourraient être fausses *toutes à la fois*. Cela correspond au contraste entre d'un côté, le fait de savoir que chaque élément individuel pourrait avoir une propriété déterminée dans un ensemble donné, et d'un autre côté, le fait de savoir que tous les éléments dans cet ensemble pourraient avoir *en même temps* cette propriété. Tant que nous n'avons pas de raisons supplémentaires de penser que tous les éléments de cet ensemble pourraient partager cette propriété, un contraste persiste entre les éléments qui ont la propriété en question et ceux qui ne l'ont pas. Dans le cas présent, il y va de l'ensemble des prétentions humaines au savoir. Ces prétentions au savoir peuvent réussir ou échouer. Il n'y a aucune raison purement conceptuelle de croire que les prétentions au savoir échouent *toutes à la fois*, puisque cela sous-détermine le contraste conceptuel que nous prenons en compte pour nous représenter les prétentions au savoir. Par conséquent, si nous souhaitons soutenir qu'il y a une raison systématique de soupçonner les prétentions au savoir *toutes à la fois*, nous avons besoin de raisons supplémentaires, à savoir de raisons qui nous conduisent au-delà du pur concept de prétentions au savoir et de leur faillibilité.

Nous pouvons illustrer ce propos à l'aide d'un exemple : imaginons que nous savons de tous les suspects isolés d'un meurtre qu'ils peuvent être le meurtrier. Cela ne voudrait pas dire que nous savons qu'ils ont pu commettre le meurtre *tous ensemble*, ce qui serait une tout autre thèse. D'une manière analogue, il est vrai que toute prétention isolée de savoir peut échouer pour des raisons spécifiques (même si nous pouvons expliquer ces raisons par des conditionnels), sans que cela nous permette de savoir s'il y a des raisons générales pouvant déjouer toutes les prétentions du savoir. À ce niveau de l'analyse, nous ne trouvons pas de manières d'échouer qui seraient communes à toutes les prétentions au savoir, si bien que nous sommes encore loin d'avoir développé un doute radical et un concept général correspondant de savoir. On échoue pour ainsi dire toujours en contexte, mais jamais en général. Nous savons seulement qu'il existe des conditions spécifiques et des circonstances d'échec. Il n'est pas nécessaire de reconnaître une source uniforme ou un système homogène des sources de notre faillibilité. Toutes les prétentions au savoir n'échouent pas pour la même raison : dire qu'on sait qu'il pleut en ce moment à Londres peut ne pas être vrai parce qu'on a choisi la mauvaise station météorologique. De même, prétendre savoir que Stéphane aime Tobias peut échouer du fait que Stephan fait semblant d'aimer Tobias. Il n'y a pas de faillibilité comme telle, et les circonstances, dans lesquelles nous pourrions nous tromper sur tout en même temps, n'existent pas non plus. À ce niveau de l'analyse, le concept de faillibilité manque d'univocité ; il résulte de l'idée qu'il existe des conditions hautement spécifiques de succès pour les diverses prétentions au savoir, que l'on peut formuler comme conditionnels avec des valeurs de vérité contingentes pour leurs antécédents.

C'est pourquoi Descartes en vient à la deuxième étape de son présumé argument en faveur du doute radical, où il invoque l'idée classique des sources du savoir. S'il y a une quantité finie et chiffrable de sources du savoir, nous pouvons la subsumer sous le concept de conditions uniformes de savoir[1]. Celui qui ne pas fait preuve de beaucoup d'imagination va propager l'idée désastreuse, mais encore très répandue, qu'il y a deux sources du savoir : les sens et la pensée, auxquels correspondent respectivement les savoirs empirique et apriorique. Descartes lui-même recourt à une division semblable pour formuler son argument du rêve. Contrairement aux apparences, l'argument du rêve ne lui sert pas à miner le savoir comme tel, et pas même à remettre en question notre savoir du monde extérieur[2]. Il s'agit seulement pour lui de mettre en évidence l'idée de sources du savoir. Il semblerait que tout notre savoir à propos des objets, issu d'une relation d'échange causale avec les objets – aboutissant à une carte mentale des environs – est acquis par la médiation des sens. Or, il est certainement juste que nous ne pourrions rien savoir sur les choses qui se trouvent en-dehors de l'ectoderme s'il n'y avait pas de chaîne causale qui partait de ces choses, tombait sur nos récepteurs sensoriels et était ensuite transformée dans les régions du cerveau compétentes.

1. Pour une discussion critique du scepticisme fondé sur les sources de la connaissance, *cf.* A. Kern, *Sources of Knowledge. On the Concept of a Rational Capacity for Knowledge*, Cambridge (Mass.)-London, Harvard University Press, 2017.

2. Pour être historiquement précis, nous devrions prendre en considération le fait qu'il n'y a pas d'équivalent exact du « monde extérieur » chez Descartes. En réalité, il ne parle nulle part du monde extérieur, mais des « *externa* » (*cf.* AT VII 22), faisant par là référence aux objets extérieurs, ce qui n'est pas la même chose dans la mesure où il pourrait y avoir des objets extérieurs sans que ceux-ci soient recueillis dans un monde unifié. Dans les Principes (II. 21), Descartes définit le monde comme un « univers de substance corporelle » qui n'a pas de limite dans son étendue (AT VIII 52). Au sujet du monde extérieur, *cf.* M. Gabriel, *Skeptizismus und Idealismus in der Antike*, Frankfurt a. M., Suhrkamp, 2009.

À cet endroit, Descartes se réfère seulement au principe selon lequel le même type d'effet peut être déclenché par des causes diverses. La voiture que je me suis achetée aurait pu être fabriquée de différentes manières, dans toutes sortes d'usines, par toutes sortes de machines et de personnes. On peut toutefois considérer que l'application de ce principe aux prétentions du savoir qui s'appuient sur des perceptions, est problématique. Certes, je peux acheter une voiture sans savoir dans quelle usine elle a été fabriquée. Mais si j'affirme qu'il pleut en fondant mon affirmation sur ma perception sensorielle, il est clair que la cause de mon affirmation (la pluie) doit être dévoilée dans le processus épistémique du traitement de l'information. Car savoir qu'il pleut parce que nous percevons la pluie présuppose qu'il pleuve *effectivement*. Il ne suffit pas qu'un événement (n'importe lequel) ait lieu et vienne affecter mes sens, mais il faut que ce soit la pluie qui advienne.

Vu sous cet angle, je doute que l'argument du rêve découle de l'existence de facteurs causant la perception, qui sont interchangeables sans que le type d'effet (« l'impression mentale ») ne se transforme pour autant. Pourtant, même si un modèle causal minimal de l'expérience suffisait à formuler l'argument du rêve (ce que Descartes semble présupposer dans son argument), cela servirait tout au plus à montrer que la nature des sources du savoir empirique peut se distinguer en grande partie de ce pour quoi nous la prenons. En vérité, selon ce modèle, la source resterait encore déterminée structurellement, puisque nous devons la classer dans la catégorie des liens causaux pertinents, ce qui a suscité l'objection structuraliste de David Chalmers au scepticisme représenté par le film *The Matrix*, ce que j'appelle le « scepticisme matriciel »[1]. Le scepticisme matriciel peut ébranler notre confiance dans telle ou telle source du savoir, si nous apprenons que nous ne pourrions pas, par principe, être capables de déduire la juste cause à partir d'un effet mental. Pourtant, nous pourrions encore en apprendre beaucoup – par exemple, le fait qu'il existe des causes d'effets mentaux, qui doivent satisfaire à des exigences structurelles déterminées et minimales. L'argument du rêve, et sa variation plus récente, le scepticisme matriciel, sont donc loin d'être radicaux en désactivant notre savoir comme tel et en totalité.

À cet endroit, Descartes présente sa version d'une réponse structuraliste à l'argument du rêve. Une telle réponse structuraliste affirme que nous avons le droit d'accepter le fait qu'il existe des structures, qui correspondent aux structures des phénomènes auxquelles nous sommes confrontés, même dans le cas de la tromperie. Certes, les structures des phénomènes dits mentaux se distinguent des structures qui causent ces phénomènes, comme pour le cas des couleurs : les structures physiques de ce que nous percevons comme couleurs divergent des structures des phénomènes tout en les causant. Ou mieux : les structures physiques de ce que nous percevons comme couleurs divergent des couleurs, elles-mêmes comprises comme phénomènes.

---

1. D. Chalmers, *Constructing the World*, Oxford-New York, Oxford University Press, 2012, p. 431-440. Dans le contexte de cette discussion, Umrao Sethi souligne qu'il y a, bien sûr, une différence de degré entre les sources et les apparences qu'elles produisent ; apparences qui ne doivent pas être dépassées de façon à ce que nous puissions continuer à parler de connaissance. Au-delà des combinaisons purement causales et structurelles entre la manière dont certaines choses sont et la façon dont elles nous apparaissent, nous avons besoin d'une forme de combinaison qui soit pertinente d'un point de vue épistémologique.

Mais ces deux structures ne peuvent pas être totalement indépendantes l'une de l'autre, sinon les phénomènes ne pourraient pas être rapportés à leurs causes de manière appropriée. Pourtant, c'est bien là ce qui est accepté lorsqu'on cherche des raisons dans un scénario déterminé de tromperie. À part cela, on n'a rien accepté d'autre ; on a juste exprimé le sentiment que quelque chose ne tourne pas rond.

La version cartésienne du structuralisme s'appuie sur le fait que la structure des phénomènes est soumise à des règles : la structure d'un phénomène, qui représente apparemment un verre, se distingue de la structure d'un phénomène qui représente visiblement ma main gauche avec laquelle je suis en train de tracer ces lignes – cela vaut même dans le cas où mon cerveau, qui n'a jamais vraiment vu un verre, est en repos et en train de reprendre des forces, ou dans le cas où je suis couché sur mon lit et rêve de tracer ces lignes. Selon l'argumentation fameuse de Descartes, nous savons beaucoup de la structure des phénomènes indépendamment de la genèse de ce savoir d'un point de vue absolument objectif. Je peux tout au moins reconnaître qu'un verre semble être posé sur la table là-devant, lorsque j'ai l'impression que je tourne légèrement ma tête vers la droite. Dans un vrai rêve aussi, avec son lot d'ambiguïtés, il existe une structure, la structure des phénomènes. On peut décrire cette structure avec des déclarations susceptibles d'être véridiques, en tout cas au niveau des qualités premières (telles que la quantité, la forme), mais aussi au niveau des qualités secondes, par exemple quand on s'étonne de la profondeur du vert d'une pelouse apparaissant en rêve. Naturellement, la quantité phénoménale n'est pas toujours identique à la quantité au sens d'une qualité première, puisque la quantité phénoménale de la lune aussi est faite de telle sorte que je peux la recouvrir avec deux mains, ce qui n'est pas la propriété d'une qualité première de la lune au sens strict. Pourtant, le fait qu'il y ait aussi une géométrie et un algèbre de la réalité phénoménale dans un scénario matriciel ou onirique, témoigne du fait que de tels scénarios, de leur côté, n'atteignent pas la généralisation pertinente souhaitée du doute contingent en doute radical mettant en jeu tout le savoir. De cette manière, nous n'avons pas encore conquis le concept de savoir comme tel, puisque nous n'avons toujours aucun accès négatif aux conditions universelles du savoir, aux sources du savoir. Mais lorsque nous ne pouvons émettre aucun doute radical, dans la mesure où nous donnons une condition des plus générales dont le caractère non-rempli mine le savoir comme tel, cela montre indirectement qu'il n'y a peut-être pas de savoir comme tel, mais une multitude ouverte de formes de savoir et de prétentions concrètes au savoir, qui ne peuvent présenter que des modèles locaux (des « ressemblances de famille »), que l'on peut prendre par erreur pour des structures fondamentales du savoir en général.

Dans une troisième étape de son argumentation, qui correspond à sa dernière tentative, Descartes charge le malin génie d'unifier le concept du savoir en fixant la condition fondatrice définitive de ce dernier. Il se réfère à la condition selon laquelle nous devrions être en mesure de prétendre au savoir, ce qui présuppose une stabilité rationnelle minimale. Ici, c'est la connaissance de soi qui entre en jeu, puisqu'il s'agit maintenant de la structure minimale que nous devons avoir nous-mêmes pour nous reconnaître en tant que penseurs rationnels. Dans ce modèle, la raison est quelque chose de semblable à la forme de tous les savoirs, si bien qu'il s'agit d'exprimer un doute à l'égard de cette forme. L'idée d'une stabilité rationnelle minimale atteste qu'il existe des faits sur l'acquisition de convictions qui unifient structurellement le savoir dans son ensemble. Dans l'appréciation tradi-tionnelle de la portée de la logique, à savoir dans la méta-logique traditionnelle (qui s'étend au moins de Platon et Aristote à Frege et Russell) des faits logiques valent comme des objets de la logique, si les lois logiques assument la fonction d'unifier la raison et de l'inviter à se mettre d'accord avec elle-même[1].

Dans ce modèle, « logique » signifie « théorie de la rationalité » et conduit ainsi à l'analyse des conditions ultimes des prétentions au savoir en tant que tel. À ce propos, Aristote a introduit le fameux principe de contra-diction (contradiction qu'il s'agit précisément d'éviter) comme la condition elle-même inconditionnée de la raison, alors que d'autres méta-logiciens ont proposé d'autres principes et ensembles de principes. Quoiqu'il en soit, l'idée est compréhensible et familière : pour que nous puissions nous considérer comme des êtres doués de raison, un minimum de normes doit être apparemment respecté, au moins les normes de la pensée capable d'accueillir la vérité.

Dans un contexte similaire, James Conant a introduit une distinction entre le scepticisme cartésien et le scepticisme kantien, qui recouvre selon mon interpré-tation la distinction entre le stade du rêve et le stade

---

1. Pour une défense contemporaine d'une telle conception de la logique, *cf.* S. Rödl, *Self-Consciousness*, Cambridge (Mass.)-London, Harvard University Press, 2007 ; S. Rödl, *Categories of the Temporal. An Inquiry Into the Forms of the Finite Intellect*, Cambridge (Mass.)-London, Harvard University Press, 2012.

du malin génie dans l'argumentation de Descartes[1]. Selon Conant, le scepticisme qu'il caractérise comme « kantien » ne menace pas vraiment les conditions de la vérité des pensées vraiment établies, mais leur « orientation objective »[2] fondamentale, c'est-à-dire la capacité, propre à nos pensées, d'accueillir la vérité. La menace consiste en ce que nos efforts pour acquérir des convictions susceptibles d'être vraies peuvent être contrariés malgré nous.

Kant l'explique par une possible apparence de la pensée, qui serait alors « moins qu'un songe »[3], scénario dans lequel l'apparence trompeuse d'un flux de conscience serait totalement chaotique et générée aléatoirement. C'est ainsi que Kant introduit l'hypothèse sceptique d'une « forme jusqu'à présent inconnue de folie », pour emprunter l'expression que Frege utilise dans un contexte similaire. Cette hypothèse est beaucoup plus radicale que l'acceptation d'un monde intérieur homogène, qui ressemble à un flux de conscience bien structuré, mais ne ferait en réalité référence à rien d'« extérieur » à lui.

Comme beaucoup de théoriciens contemporains de la connaissance, Chalmers ne distingue pas assez clairement le stade du rêve du stade du malin génie. C'est tout à fait manifeste dans ses réflexions sur les « structures dans le cadre du scénario du malin génie de Descartes »[4]. Je pense pour ma part que le résultat des *Méditations* de Descartes présente une version possible d'une réponse

1. J. Conant, « Two Varieties of Scepticism », *op. cit.*
2. *Ibid.*, p. 6.
3. Kant, *Critique de la raison pure*, *op. cit.*, p. 1415, A 112.
4. D. Chalmers, *Constructing the World*, *op. cit.*, « structures within the evil genius if in Descartes'scenario », p. 438.

structuraliste au scepticisme. En effet, son malin génie va beaucoup plus loin que celui présenté par Chalmers dans le passage suivant :

> Pour obtenir un scénario complètement sceptique, on doit se tourner si possible vers un scénario dans lequel les expériences sont produites au hasard et, par une immense coïncidence, produisent le flux régulier des expériences que je suis en train de faire. Ce scénario ne peut pas être exclu avec certitude, mais il est (contrairement au scénario de la matrice) raisonnable de croire qu'il est extrêmement improbable [1].

Qu'importe ici la raison qui pousse Chalmers à penser que le scénario de la matrice est plus probable que le scénario visé dans ce passage, puisque cela dépend de sa représentation de la science, qu'il conçoit comme une analyse des structures nouménales de type matriciel. Le point qui nous intéresse, c'est que Chalmers présuppose ce que Descartes neutralise dans sa réflexion : un flux de conscience qui sous-tend l'acquisition de nos convictions. Dans le scénario du malin génie, il ne nous reste aucun flux d'expérience. Dans le meilleur des cas, nous pouvons nous réjouir de la variante ratatinée d'un *solipsisme de l'instant*, qui ne nous mène cependant pas beaucoup plus loin, dans la mesure où elle est ineffable. On pourrait donner une définition étroite de la fenêtre temporelle de notre existence, en disant que nous nous

---

1. D. Chalmers, *Constructing the World*, *op. cit.*, p. 483 : « To get a fully skeptical scenario, one may need to move to one on which experiences are produced at random, and by huge coincidence produce the regular stream of experiences that I am having now. This scenario cannot be excluded with certainty, but (unlike the Matrix scenario) it is reasonable to hold that it is extremely unlikely », traduit de l'anglais par V. Palette.

transformons constamment sans nous en rendre compte, à tel point que nous ne serions jamais capables, *à l'aide d'une description*, de nous identifier tels que nous venons d'être à l'instant et ne sommes déjà plus. Si je me trouvais maintenant dans un tel scénario, il serait bien sûr dépourvu de sens de chercher le pour et le contre. Je ne pourrais même pas essayer : une telle tentative présuppose encore une conscience rationnelle sans lacune, ce qui n'est pas le cas dans le scénario du malin génie. Dans le cas où nous pourrions nous y trouver, tout serait perdu d'avance et de manière définitive.

Malheureusement, cela ne prouve pas que nous ne sommes pas dans un tel scénario : nous (quel que soit la signification du « nous » ici) pourrions être pris dans un tel scénario. Si cela était le cas, nous ne pourrions pas savoir, nous ne pourrions même pas nous confronter à ce fait de façon rationnelle. Si nous étions pris dans les filets du malin génie, il ne pourrait pas tenter de nous tromper *de façon systématique*, puisque cela donnerait à notre rationalité la stabilité nécessaire pour l'intervalle temporel donné. Cette stabilité est requise pour produire des vérités sur nos capacités épistémiques qui nous rendraient vulnérables face aux manœuvres systématiques de la tromperie.

L'argument de Descartes se déploie pleinement lorsqu'on comprend qu'une telle représentation de notre rationalité comme une prison potentielle correspond seulement à une étape de son argumentation, qu'il ne parvient finalement pas à exprimer de façon adéquate. Dans le scénario du malin génie, nous ne devons même pas atteindre un niveau minimal de stabilité rationnelle, ce qui veut dire cependant qu'il ne doit y avoir aucun fait sur la raison même qui lui prête une forme déterminée.

C'est pourquoi nous ne pouvons pas réussir à savoir si nous nous trouvons dans un tel scénario : si nous étions pris dans les filets du malin génie, il n'y aurait aucun fait nous concernant que nous pourrions trouver pour émettre un jugement sur notre état. Il n'y aurait pas même de moi minimal, donc aucune unité non plus qui veillerait sur la forme logique du savoir en tant que tel. Pourtant, de cette façon, nous nous retrouverions au point de départ, à savoir à la faillibilité contingente et impossible à généraliser, si bien que le troisième pas aussi n'a pas pour conséquence qu'un doute radical semble raisonnable d'une façon ou d'une autre. Le savoir en tant que tel, nous ne l'avons toujours pas découvert, et nous n'avons donc pas de raisons de considérer qu'il est menacé.

L'idée de Descartes peut aussi être représentée à l'aide d'une autre expérience de pensée : imaginons que toutes nos convictions au sujet de la raison même (ainsi que l'acquisition structurée de convictions, qui s'oriente par rapport aux lois au service de la vérité) soient fausses. Pour se figurer cela, nous avons besoin d'un scénario qui fasse sauter d'un seul coup tous les faits sur la raison et pas d'une manière contingente et non-systématique. Cette fonction doit être assurée par le malin génie : il s'immisce dans les passages reliant nos convictions les unes aux autres et les fait passer pour rationnelles. Ainsi, nous avons élaboré une image de l'activité qui consiste à lier des pensées (de la synthèse kantienne), qui la conçoit comme une façon de compenser des lacunes potentielles, donc comme réponse au manque de bon sens. Autrement dit, il s'agit, avec le malin génie, d'un scénario de folie radicale, dans lequel nous nous ne pouvons même plus nous fier aux passages stables d'une synthèse rationnelle minimale[1]. D'où savons-nous que nous ne souffrons pas d'une forme de psychose au point que toutes nos convictions émergent d'associations de pensées aléatoires ?

Peut-être pensons-nous qu'il pleut, alors que les éléments dont nous avons besoin pour avoir et maintenir de telles convictions sont contigus seulement par contingence ? Peut-être est-ce parce que le malin génie jette des dés avec des faces infinies, et dont les faces désignent des éléments qui se présentent à nous comme des convictions que nous avons pour de bonnes raisons et que nous maintenons ? En vérité, il est impossible que nous nous trouvions dans un tel scénario et que nous ayons des raisons de nous y trouver. Si nous nous trouvions dans un tel scénario, on aurait aucune raison de le reprendre. De nouveau, le fait de se trouver dans un tel scénario ne peut admettre aucun soupçon fondé. Un scénario pour lequel nous pouvons trouver des raisons ne saurait de toute façon être assez radical pour fonder un doute universel. En effet, toutes nos réflexions ont eu recours à l'existence de faits à propos de la raison elle-même, des faits que le malin génie peut mettre au service d'une manipulation, même si ces faits ne nous sont pas accessibles, puisque le malin génie se tient entre nous et ces faits. Manipuler le cours d'une pensée au point de produire des lacunes et des interruptions qui rendent le sujet concerné irrationnel d'un point de vue métaphysique, voire radicalement fou au-delà des maladies mentales habituellement répertoriées, présuppose que le malin génie connaisse une

---

1. J. Derrida, « Cogito et histoire de la folie », *Revue de Métaphysique et de Morale* 68/4, 1963, p. 460-494.

norme qu'il nous empêche de respecter en raison de ses vils intérêts. Se pourrait-il que nous nous trouvions dans ce que j'aimerais appeler un « *An-Aus-Welt* », un « monde-ouvert-fermé » ? Je fais référence ici au scénario suivant : imaginons que vous venez de naître en ayant l'impression d'avoir entendu des phrases avant celle-ci. Pourtant, il n'y a de phrases que depuis la phrase précédente. Il n'y a pas de raison à cela, il s'agit d'un *factum brutum*. Disons que le hasard lui-même aurait ouvert votre fenêtre solipsiste du temps et que vous l'auriez refermée, puis de nouveau ouverte, puis refermée, puis ré-ouverte, puis refermée… Dans « le monde ouvert-fermé », il y aurait encore des faits, même si personne ne se trouve dans ce monde, même si rien ne correspond aux standards que nous attribuons aux sujets doués de raison, pour autant qu'un « moment d'ouverture » (*An-Moment*) soit assez long pour permettre à quelqu'un de lire cinq lignes de cette argumentation. Bien sûr, on peut accélérer le scénario à volonté, à tel point que vous ne pourriez prendre connaissance que d'un mot ou d'une syllabe. Vous ne seriez même plus un auditeur.

Mais vous auriez été là, même si ce n'est que dans une fenêtre temporelle encore plus insignifiante que la fenêtre des mortels. « Le rêve d'une ombre[1] », comme disait Pindare à propos de notre vie humaine, était également présent. C'est pour cette raison que la célèbre caractérisation temporelle de l'argument du cogito est importante dans les *Méditations* :

> [La pensée] seule ne peut être détachée de moi. *Je suis, j'existe* : cela est certain ; mais combien de temps ? À

---

1. Pindare, « Pythiques », dans *Odes*, tome II, trad. fr. A. Puech, Paris, Les Belles Lettres, 1966, p. 124.

savoir, autant de temps que je pense ; car peut-être se
pourrait-il faire, si je cessais de penser, que je cesserais
en même temps d'être ou d'exister. Je n'admets
maintenant rien qui ne soit nécessairement vrai : je
ne suis donc, précisément parlant, qu'une chose qui
pense, c'est-à-dire un esprit, un entendement ou une
raison, qui sont des termes dont la signification m'était
auparavant inconnue. Or je suis une chose vraie, et
vraiment existante ; mais quelle chose ? Je l'ai dit : une
chose qui pense [1].

Même dans le scénario le plus radical de folie, d'une
forme jusqu'à présent inconnue, on trouve des faits sur
la raison – par exemple, le fait que celle-ci ne fonctionne
pas assez rapidement pour créer une image logique de la
situation. On ne serait alors pas systématiquement dans
l'erreur. Dans tous les cas, il y aurait des interventions
spontanées de la « conscience » (s'il est encore permis
de la nommer ainsi).

En conséquence, le malin génie ne peut pas manipuler
totalement la raison. Il peut tout au plus la tromper en
lui donnant une fausse image d'elle-même. Pourtant, la
manipulation qu'il opère sur notre raison stabilise cette
dernière. Elle la maintient dans l'existence, même si
c'est dans une forme que personne ne souhaite. La façon
que nous avons de nous décrire en tant qu'êtres doués de
raison reste juste si nous prenons le temps de lui donner
une forme verbale. Le malin génie ne peut pas nous

---

1. Descartes, *Méditations métaphysiques*, trad. fr. Charles d'Albert
(Duc de Luynes), Claude Clerselier, revue et corrigée par M. Beyssade
et J.-M. Beyssade, Paris, Flammarion, 2011, p. 77.

réduire à notre simple existence, certaines descriptions sont encore valables pour nous [1].

L'unification de la raison, poursuivie par le scepticisme pour neutraliser la condition définitive du savoir, ne renforce pas l'idée que le savoir en tant que tel est impossible. Nous pouvons nous imaginer un scénario dans lequel personne ne serait en mesure de décrire de façon adéquate sa propre position, mais ce scénario s'appuie déjà sur le fait que nous ne disposons pas des principales formes du savoir que nous pourrions unifier en faveur du scepticisme. Représenter l'unité de la raison en tant qu'unification des registres pluriels des formes de notre savoir échoue du fait que nous avons, dans ce processus, éliminé les principales formes du savoir et les avons laissées s'étendre au solipsisme sans extension logique.

---

1. Dans un contexte quelque peu différent, Michael McKinsey argumente contre ce qu'il considère être l'idée de Davidson, et qu'il juge insuffisante, d'un accès privilégié à nous comme accès à notre simple existence. En revanche, McKinsey soutient que nous devons nous penser comme des êtres pensants, ce qui présuppose un accès à nous-mêmes par description ou par un autre moyen. Selon McKinsey, Davidson « souhaite affirmer que, apparemment, on pourrait avoir un accès privilégié à un épisode de la pensée indépendamment du fait d'avoir un accès privilégié à une description particulière que l'épisode pourrait satisfaire. Mais alors à quoi aurait-on un accès privilégié dans un tel cas ? Peut-être que l'on serait privilégié par le seul fait de savoir que l'épisode existe ; étant donné que Davidson dit qu'il n'y a aucune raison de supposer que l'agent aurait un accès privilégié même au fait que l'épisode est un épisode de la pensée et opposé, à ce titre, à un épisode d'indigestion ». Voir ma traduction de Michael McKinsey, « Anti-Individualism and Privileged Access », *Analysis* 51/1 (1991), p. 9-16, p. 11. Cependant, la stratégie anti-sceptique de Descartes n'a pas besoin, pour fonctionner, de compter sur nous comme ayant un accès privilégié à la description comme penseurs de cette pensée. Tout ce dont Descartes a besoin, c'est que nous satisfassions cette description pour pouvoir compter comme déçus.

C'est pourquoi Descartes en vient au scénario du malin génie. Ce dernier parvient justement à une harmonisation parfaite du savoir en tant que tel à travers l'élimination de toutes les caractéristiques qui différencient les formes du savoir. Aussi longtemps qu'il existe une pluralité propre de formes du savoir, nous pouvons les unifier en recourant à la condition définitive de la stabilité rationnelle minimale, pour ensuite s'en prendre à celle-ci, dans la mesure où il est présupposé par avance que l'élimination est réussie avant même d'avoir commencé. L'unification du savoir par le recours à une stabilité rationnelle minimale comme condition du savoir ne suffit tout simplement pas, puisque d'autres conditions doivent être présentes pour les prétentions au savoir, afin qu'un savoir réel puisse être envisagé. Savoir quelque chose sur les conditions de la stabilité rationnelle minimale dans la forme épistémologique de la réflexion philosophique diverge de notre savoir animal sur l'environnement naturel ; savoir que quelqu'un cuisine parce qu'on le sent se distingue du fait de savoir que $2 + 2 = 4$ ou de savoir que les conditions principales du savoir sont désactivées dans le scénario du malin génie.

Dans un livre récent, Jens Rometsch affirme pour des raisons similaires que ce n'est pas un hasard si Descartes, dans les *Regulae* et dans le *Discours de la méthode*, développe une épistémologie régulatrice en apparence désordonnée, qui subsiste par sa valeur d'expérience selon des règles plus ou moins provisoires [1]. Au lieu de développer une logique intégrale ou une théorie de la rationalité, il propose des règles pour la formation des

---

1. J. Rometsch, *Freiheit zur Wahrheit. Grundlagen der Erkenntnis am Beispiel von Descartes und Locke*, Frankfurt a. M., Vittorio Klostermann, 2018.

convictions. Descartes a raison de croire qu'il atteint les conditions de la science moderne. Elle désigne en fait une entreprise pluraliste consistant à développer la formation des convictions et l'acquisition du savoir dans un horizon radicalement ouvert, qui se déploie sans cadre stable assuré d'avance, sans « ordre *a priori* des choses »[1].

Cet empirisme radical, qui est encore conçu dans l'empirisme britannique comme une théorie de la structure des représentations, ne dépend pas de notre capacité à nous mettre au service d'une unification substantielle de la raison qui rassemble sous un même toit les diverses formes du savoir à travers des règles de spécification. Il s'agit bien plutôt d'ouvrir les règles de spécification elles-mêmes à des découvertes substantielles que l'on ne peut pas anticiper *a priori*. C'est aussi dans ce sens qu'il faut comprendre qu'aucun doute radical qui rende le savoir d'emblée disponible pour ensuite le supprimer progressivement ne peut être émis. Le doute radical n'émerge jamais, il ne se laisse pas même exprimer en mots. C'est aussi la raison pour laquelle Descartes en vient seulement une fois à mettre tout en question : on fait à cette occasion l'expérience d'une pluralité irrémédiable des formes du savoir[2]. Seul un soupçon irrationnel demeure. En effet, toutes nos convictions peuvent s'avérer fausses. Néanmoins, ce soupçon (et ce n'est pas un hasard si Descartes parle ici de folie) ne peut pas être articulé d'une manière philosophiquement pertinente en ayant recours à un scénario sceptique global cohérent[3].

1. L. Wittgenstein, *Tractatus logico-philosophicus*, *op. cit.*, 5.634, p. 94.

2. *Cf.* Descartes, *Œuvres de Descartes*, C. Adam et P. Tannery (éd.), Paris, Vrin, 1996, VI 13-14 et VII 17. Voir aussi *Ibid.*, III 695 et VIII 5.

3. *Ibid.*, VII 18-19.

Bien sûr, il serait possible de continuer à débattre sur la question de savoir si l'interprétation que je viens d'esquisser rend justice à Descartes, mais cela ne saurait remettre en question ce qui nous est apparu ici comme le point central : si le savoir ne peut pas être rendu homogène par l'acte d'identifier une structure générale et substantielle qui fait la cohésion du savoir en tant que tel, on ne peut pas non plus miner le savoir en tant que tel. Il n'y a tout simplement pas de savoir en tant que tel, ce qui ne veut pas dire que personne ne possède de savoir, mais qu'il y a trop de formes de savoir pour pouvoir les réduire à une matrice transcendantale. Notre connaissance de nous-mêmes comme « auto-connaissance » de la raison est par conséquent aussi ouverte et susceptible d'être révisée que toute autre connaissance. Ce qui la caractérise, c'est une forme spécifique d'unité, que l'on ne peut pas neutraliser. Cette unité était le thème indirect de ce propos. Je laisse ouverte la question de savoir s'il est possible de se rapporter à cette unité comme si elle était un objet parmi d'autres. Mais il me semble que nous ne pouvons nous connaître que de façon indirecte, que notre raison nous apparaît seulement lorsqu'elle s'oppose à un scepticisme radical impossible à réaliser. Ce scepticisme radical serait semblable au fait de ne connaître notre personnalité que de façon indirecte, dans la mesure où les autres peuvent nous corriger et nous corrigent dans l'opinion fausse que nous avons de nous-mêmes.

CHAPITRE 3

POUR UN RÉALISME NEUTRE [1]

Le débat sur le réalisme gravite autour de deux énoncés méthodologiques, tantôt implicites, tantôt explicitement reconnus. Tous deux posent problème, et tous deux jouent un rôle important pour la théorie qui va suivre :

> Énoncé (1) : le problème du réalisme doit être considéré comme une extension du problème de l'existence du monde extérieur.
>
> Énoncé (2) : alors que certains domaines discursifs sont régis par une norme de vérité réaliste, d'autres domaines sont régis par une norme de vérité antiréaliste.

La division du « monde » en domaines selon le second énoncé est de nature exclusivement discursive – elle découle de la pluralité des discours. Ainsi, elle relève d'un antiréalisme méthodologique : celui-ci soutient que, sans une pluralité de discours, il n'y aurait pas non plus une pluralité de domaines individués selon des normes de vérité différentes. L'énoncé (2) va souvent de pair

1. Texte prononcé le 2 juillet 2016 à l'université Paris I Panthéon-Sorbonne, dans le cadre du colloque PhiCo « Réalismes Anciens et Nouveaux » organisé par Jocelyn Benoist. Traduit de l'anglais par Robin Renaud.

avec cet autre énoncé selon lequel il y a une pluralité de domaines correspondant à une pluralité ouverte ou indéfinie de discours aux normes de vérité différentes du côté de l'antiréalisme, tandis qu'il n'y a qu'un domaine qui soit réaliste en apparence. Dans cette conception, on dirait qu'il est supposé sans plus d'arguments que le domaine réaliste doit être homogène quoi qu'il arrive, et que seul le domaine antiréaliste puisse être différencié en lui-même par des normes additionnelles.

La position du réalisme neutre que nous allons exposer ici rejette ces deux énoncés méthodologiques. Plus spécifiquement, elle refuse l'énoncé selon lequel le débat réaliste est une extension du débat concernant l'existence du monde extérieur, ainsi que cet autre selon laquelle il ne peut y avoir de pluralité de domaines qu'à condition qu'il y ait aussi une pluralité de régions du discours et de la pensée. Cela permet de différencier le concept de réalisme du concept de naturalisme, et de les traiter dans des débats séparés. Pour le moment, la neutralité du réalisme neutre s'applique à toute position métaphysique statuant sur l'existence d'une quelconque entité qui comprend la totalité des objets ou la totalité des faits, ou sur celle d'un domaine de tous les domaines que l'on pourrait identifier à la nature. Des perspectives véritablement non-naturalistes dans leur structure méthodologique s'ouvrent ainsi en faveur d'un renouvellement du réalisme. De nouvelles perspectives s'ouvrent également pour le traitement de l'efficacité des valeurs éthiques et esthétiques, ainsi que pour la question du lien métaphysique entre des entités concrètes et des entités abstraites.

Dans la première partie, nous développerons l'argument général qui sous-tend notre réalisme neutre. Je l'appelle *l'argument de la facticité*. Dans la seconde partie, nous défendrons un pluralisme ontologique contre le type de monisme qui sert de fondement au premier des deux énoncés problématiques décrits plus haut. Toutefois, je proposerai dans un premier temps quelques distinctions visant à souligner la faiblesse des énoncés précédents afin d'expliciter les théories que je rejette.

Là où la recherche à propos de la portée et du sens du réalisme admet de prime abord qu'il existe ou devrait exister un monde extérieur séparé de « l'esprit », une suggestion fausse s'impose d'elle-même, à savoir que la portée du réalisme est alors déterminée par les particularités (métaphysiques, épistémologiques ou ontologiques) de ce « monde extérieur ». Néanmoins, dans ce contexte, ce que l'on veut dire précisément par ce « monde extérieur » n'est pas toujours clair, et manque parfois totalement de cohérence [1]. Il existe aussi une tendance à tenir les valeurs, morales ou non, les normes et les règles, pour immédiatement éligibles à un traitement antiréaliste dans la mesure où le concept de « monde extérieur » supporte généralement le poids du naturalisme [2]. Pour cette raison, il donne souvent lieu à une entente qui ne peut pas facilement rendre compte des valeurs ou d'autres entités similaires. Si l'existence d'un monde extérieur doit être le paradigme de ce dont le réalisme doit rendre compte, alors nous perdons tout le bon sens du point de départ d'un réalisme dirigé vers les valeurs,

---

1. M. Gabriel, *Skeptizismus und Idealismus in der Antike*, *op. cit*.
2. À ce propos, pour un point de vue similaire, *cf.* C. Wright, *Truth and Objectivity*, *op. cit.*, chapitre 5.

les concepts, ou les états et processus mentaux. Le débat sur le réalisme a lieu parce que l'objectivité de l'un ou l'autre discours semble en danger (à cause d'arguments sceptiques par exemple). Mais pourquoi devrait-on accepter de se joindre à un débat sur le réalisme dont les prémisses impliquent la difficulté de concevoir comment des faits de la vie mentale d'autrui ou de notre propre vie mentale, par exemple, sont aussi réels que les montagnes, les quarks ou la voie lactée[1] ? Conformément à cette perspective, le « monde extérieur » est souvent identifié à l'univers tout entier. En tant que tel, le fait d'appartenir à l'univers est, implicitement ou explicitement, reversé au compte de l'appartenance au domaine des objets physiques, ou à l'ensemble des sciences de la nature. Le « monde extérieur », la « nature » ou « l'univers » se présentent alors comme si de rien n'était, comme si aucune décision conceptuelle ou théorique n'était requise pour comprendre ce que l'on veut dire quand on utilise ces termes. Il convient pourtant de se garder de toute délégation des recherches philosophiques à la physique. La thèse selon laquelle les physiciens savent ce que « nature » ou « univers » signifient en vertu du succès indiscutable de leurs méthodes d'investigation sur certains objets ou domaines d'objets est infondée. En d'autres termes, on ne peut pas accepter d'hériter du physicalisme ou du naturalisme comme d'une profession de foi scientifique.

On peut certainement considérer que la physique existe en tant que sujet, et on peut aller jusqu'à croire que, dans certaines de ses affirmations, elle peut se

---

1. R. Moran, *Autorité et aliénation. Essai sur la connaissance de soi*, trad. fr. S. Djigo, Paris, Vrin, 2014.

référer avec succès à des entités réelles, qui ne sont pas de simples *posita* théoriques. Mais les affirmations de la physique se réfèrent à entités bien plus étendues que les seuls résultats des recherches scientifiques, et prennent pour acquis que la physique a un domaine d'application bien défini, dont les propositions touchent un domaine total et complètement unifié : l'univers, ou le cosmos. L'affirmation selon laquelle la physique est, d'une manière ou d'une autre, unie *a priori* dans la prise en charge de l'objet d'étude « nature » ou « univers » pourrait bien être une affirmation épistémologique ou méthodologique tout à fait légitime. Mais cette concession n'implique pas le naturalisme ou le physicalisme, car on est loin d'avoir prouvé que la nature, ou plutôt l'univers, était le seul et unique domaine d'étude qu'il puisse y avoir, ni même l'objet le plus fondamental [1].

La neutralité totale de l'énoncé (1) est un stratagème méthodologique fondamental, qui permet au réalisme neutre de conserver une distance de sécurité par rapport aux concepts peu clairs et peu clarifiés du monde (extérieur). Que les faits et les objets qu'il étudie appartiennent au

---

1. Comparer aussi avec la distinction de Jonathan Schaffer entre le monisme de « monde-seul » et le monisme de « monde premier » (« *world-only* » *and* « *world-first* » *monism*). Il prend lui-même position pour le second dans Jonathan Schaffer, « Spacetime the One Substance », *Philosophical Studies* 145 (2001), p. 131-148 ; « Monism : The Priority of the Whole », *Philosophical Review* 119/1 (2010), p. 31-76 ; « The Internal Relatedness of All Things », *Mind* 119/474 (2010), p. 341-376 ; « The Action of the Whole », *Proceedings of the Aristotelian Society. Supplementary Volume* 87/1 (2013), p. 67-87. Dans ma propre terminologie, je fais la distinction entre *monisme ontique* et *monisme métaphysique*, ce qui correspond largement à la dichotomie de Schaffer. Voir aussi à ce sujet M. Gabriel, *Fields of Sense, op. cit.*

monde (extérieur) n'est pas une condition nécessaire au réalisme local.

Le réalisme que nous présentons ici est neutre au sens où il s'approche du débat sur le réalisme sans dépendre des objets et des faits qui sont tenus pour existants ou pour avoir lieu. Il opère donc dans des conditions contrefactuelles. Si nous empruntons cette voie, c'est parce que la conception la plus satisfaisante et significative du monde extérieur est atteinte lorsqu'on se demande quels faits et quels objets auraient été le cas ou auraient existé si strictement personne n'avait jamais été là pour se référer à ces faits ou objets. Le concept de monde extérieur résulte d'une considération contrafactuelle qui introduit des conditions contrefactuelles en faisant abstraction de l'existence des sujets épistémiques (nous) qui ont effectivement atteint ce concept. Le monde extérieur est alors au moins « extérieur » au sens où il serait en très grande partie tel qu'il est effectivement aujourd'hui s'il n'y avait personne pour le remarquer, et qu'il sera de même quand il n'y aura plus personne pour le voir.

Cependant, cette vision correspond à une notion erronée quoique répandue de l'objectivité épistémique, selon laquelle il n'y a effectivement d'objectivité épistémique que là où des croyances se réfèrent à des choses qui en elles-mêmes ne sont pas des croyances[1]. Mais cela soulève immédiatement la question suivante : quand nous faisons référence au monde selon les diverses modalités de référence (l'intentionnalité, la conscience,

---

1. Voir aussi J. Searle, *La redécouverte de l'esprit*, trad. fr. Cl. Tiercelin, Paris, Gallimard, 1995 ; Th. Nagel, *Le point de vue de nulle part*, trad. fr. S. Kronlund, Paris, Les éditions de l'éclat, 1993 ; A.W. Moore, *Points of View*, Oxford-New York, Oxford University Press, 1997 ; M. Gabriel, *An den Grenzen der Erkenntnistheorie, op. cit.*

la conscience réfléchie, etc.), comment peut-on faire référence à quoi que ce soit d'unifié, alors qu'en même temps, on prétend qu'au moins certaines qualités ou certaines parties extérieures de ce monde auraient existé même si nous n'y avions jamais fait référence ?

Dans ce contexte, l'option d'une « naturalisation » de l'esprit ne vient pas sans la présupposition que le concept de monde extérieur est la norme de la réalité – alors même que ce sont d'autres sciences que les humanités ou les sciences sociales qui s'arrogent l'accès paradigmatique à ce monde. Les partisans de la naturalisation tirent ainsi de cette épistémologie la théorie d'un univers déjà existant et déjà tel quel – complet au point de contenir des esprits naturalisés à titre de parties. Laissée pour compte, la philosophie n'a plus rien d'autre à faire qu'une reconstruction rationnelle de quelques reliquats conceptuels. Subrepticement, le concept de monde en tant que totalité complète et sans restriction se trouve ainsi métamorphosé en un concept d'univers physique, ou de nature. Cependant, cette identification nécessite un argument que l'on omet généralement de présenter lorsqu'on considère le naturalisme ou le physicalisme comme les seules hypothèses de travail possibles pour une méthode ou une vision du monde scientifique[1].

À ce stade de la réflexion, il est courant de présenter la neutralisation du réalisme sous les conditions d'un antiréalisme méthodologique (second énoncé). Cette approche trouve ses origines dans un travail fondateur de Michael Dummett et Crispin Wright, même si je ne

---

1. Voir aussi l'éclairante reconstruction de la transition kantienne du concept de monde comme totalité absolue au concept cosmologique de monde (« univers » dans ma terminologie) chez Guido Kreis, *Negative Dialektik des Unendlichen, op. cit.*

tranche pas la question de savoir s'ils font également usage de quelque chose comme « le monde extérieur », traditionnellement conçu comme un point d'ancrage pour la réalité [1].

L'énoncé (2) est associé à l'idée communément admise selon laquelle le réalisme global peut être distingué des variations locales du réalisme. Pour l'instant, admettons cette idée. Cependant on suppose en plus qu'assigner une description réaliste ou antiréaliste à un objet est dépendant de la pluralité de fait des discours. C'est le pas de trop que je critique. La vérité est prise pour une norme du discours, qui peut varier en fonction du type de discours dont il est question. L'existence d'une pluralité de domaines est alors tributaire de l'existence d'une telle pluralité de normes discursives de la vérité. Les métadisciplines, telles que la métaéthique, la métaépistémologie, la méta-ontologie ou la métaphysique s'érige donc en vertu de leur tâche : celle de déterminer si certains ensembles d'expressions (à propos de l'éthique, de l'épistémologie, de l'existence, ou de la structure fondamentale de

---

1. M. Dummett, *Frege. Philosophy of Language*, New York, Harper and Row, 1973 ; *Truth and Other Enigmas*, Cambridge (Mass.), Harvard University Press, 1978 ; *The Logical Basis of Metaphysics*, Cambridge (Mass.), Harvard University Press, 1991 ; C. Wright, *Truth and Objectivity*, *op. cit.* ; « A Plurality of Pluralisms », *in* N.J.L.L. Pedersen, C. Wright (éd.), *Truth and Pluralism. Current Debates*, Oxford, Oxford University Press, 2013. Dans son article de 1973, M. Dummett affirme qu'« il ne peut rien y avoir de tel qu'un domaine de tous les objets » (*op. cit.*, p. 533). Sur la discussion de la possibilité d'une quantification universelle sans restriction, *cf.* T. Williamson, « Everything », *Philosophical Perspectives* 17/1 (2003), p. 415-465 ; « Absolute Identity and Absolute Generality », dans A. Rayo, G. Uzquiano (éd.), *Absolute Generality*, Oxford, Clarendon Press, 2006 p. 369-389 ; et plus récemment G. Kreis, *Negative Dialektik des Unendlichen*, *op. cit.*, en particulier chapitre 12.3.

la réalité) sont guidées par des paramètres réalistes acceptables ou irrecevables. Il est difficile de savoir dans quelle mesure les métadisciplines sont à la fois rendues nécessaires par le concept d'une métaphilosophie, et le cas échéant, convergent vers ce concept[1]. Je crois cependant que cette manière de considérer le débat sur le réalisme trouve ses conditions dans l'idée selon laquelle il y a un *domaine-en-soi* homogène et unifié : le monde, ou la réalité dans son ensemble, dont nous groupons les habitants dans différents domaines individués par des normes discursives correspondantes. Cela soulève la question de second ordre, laissée sans réponse, à propos de l'intégration de ces normes de vérité dans le monde[2]. Elle consiste à se demander comment nous pouvons penser l'intégration de ces normes dans le monde. Par exemple, si nous comprenons le monde comme la totalité de ce « qui est toujours-déjà là quoi qu'il arrive, indépendamment des activités, s'il y en a, et des sujets connaissant et agissant[3] », il devient difficile de faire sens de l'intégration des normes au sein du monde ainsi conçu.

---

1. Sur cette discussion, *cf.* T. Williamson, *The Philosophy of Philosophy*, Malden (Mass.)-Oxford, Blackwell, 2008.

2. À l'encontre de ce point de vue, *cf.* M. Gabriel, *Transcendental Ontology*, *op. cit.*

3. R. Brandom, *Tales of the Mighty Dead. Historical Essays in the Metaphysics of Intentionality*, Cambridge (Mass.), Harvard University Press, 2002, p. 208 : « The thought that that world is always already there anyway, regardless of the activities, if any, of knowing and acting subjects » (traduit de l'anglais par Robin Renaud). C'est la formulation brandomienne de ce que B. Williams, *Descartes. The Project of Pure Enquiry*, London, Pelican, 1978, et, le suivant, A. W. Moore, *Points of View*, *op. cit.*, ont appelé « la conception absolue de la réalité ».

Un monisme souvent sans articulation sous-tend le débat réaliste traditionnel et ses deux énoncés. Il se résume au minimum à « l'énoncé formel d'un monde (*formale Weltunterstellung*) » comme le souligne Habermas, lui-même défenseur manifeste de l'énoncé (2)[1]. Le recours au monde ou à la réalité, peu importe la manière dont on les conçoit, est considéré comme une présupposition d'arrière-plan non-problématique, triviale, et purement formelle pour n'importe quel débat. Cependant, j'affirme précisément que ce monisme métaphysique est intenable pour plusieurs raisons que j'ai présentées autre part[2]. Pour notre question, il importe de penser que la neutralité du réalisme esquissé dans cet article neutralise à la fois le monisme métaphysique substantiel et la version métaphysiquement plus modeste de « l'énoncé formel d'un monde », acceptée notamment par Habermas.

L'ARGUMENT DE LA FACTICITÉ

Le réalisme neutre est motivé en tout premier lieu par l'argument que j'appelle « de la facticité ». Cet argument montre qu'un certain réalisme est inévitable, mais qu'il n'y a aucune bonne raison de vouloir déterminer *a priori* quels domaines d'objets requièrent une adhésion réaliste. Le problème du réalisme est conceptuellement indépendant de celui de savoir si certains discours pourraient être théoriquement réduits à d'autres types de discours. L'argument montre qu'en définitive, toutes les

---

1. Voir par exemple J. Habermas, *Vérité et justification*, trad. fr. R. Rochlitz, Paris, Gallimard, 2001.
2. M. Gabriel, *Transcendental Ontology*, *op. cit.* ; *Die Erkenntnis der Welt*, *op. cit.* ; *An den Grenzen der Erkenntnistheorie*, *op. cit.* ; *Fields of Sense*, *op. cit.*

positions doivent, à un moment ou à un autre, accepter certains pré-requis réalistes. C'est là le dénominateur commun entre *Peur du savoir* de Paul Boghossian, *Après la Finitude* de Quentin Meillassoux, et le *Manifeste du nouveau réalisme* de Maurizio Ferraris pour un rejet du constructivisme généralisé à outrance[1]. L'argument de la facticité a la forme paradigmatique qui suit : même si, par exemple, le solipsisme, et en conséquence la forme la plus extrême d'antiréalisme que l'on puisse imaginer, s'avérait juste, le réalisme ne serait pas réfuté pour autant, parce que la vérité solipsistique laisserait subsister au moins un fait absolu comme résidu.

On peut entrer dans le fonctionnement de cet argument de façon plus détaillée. Supposons que nous avons des raisons de suspecter que l'un de nos registres épistémiquement pertinents (par exemple notre équipement sensoriel, la communauté éthique, la religion, la conscience, etc.) est sujet à une erreur systématique[2]. Par exemple, notre équipement sensoriel enregistre de l'information. Or, comme on sait, à cause de leur dépendance par rapport à des facultés sensorielles animales variables, les concepts de couleur et les discours à leur propos tendent à être traités comme formant un domaine pour lequel un certain antiréalisme semble requis. Par conséquent, quiconque pense qu'une prairie est objectivement verte et qu'une tomate est objectivement

---

1. Voir M. Ferraris, *Goodbye Kant ! What Still Stands of the Critique of Pure Reason*, Albany, SUNY University Press, 2014 ; P. Boghossian, *La peur du savoir, op. cit.*, et ma postface à l'édition allemande de Paul Boghossian, *Angst vor der Wahrheit*, trad. al. J. Rometsch, Berlin, Suhrkamp, 2013, ainsi que Q. Meillassoux, *Après la finitude, op. cit.*

2. Je parle ici de « registres » afin d'éviter dès le départ le second énoncé.

rouge devient la victime d'erreurs systématiques à cause des filtres générés par les représentations internes qui arrivent avec de notables régularités phénoménologiques, et à propos desquelles des assertions justes peuvent être énoncées.

Une considération similaire vaut aussi pour les jugements de valeur quand on les rend relatifs à des communautés éthiques. Par exemple, on peut penser que les droits de l'homme sont bons pour la seule et bonne raison que l'on est chrétien. À partir de tels cas, il semble raisonnable de suggérer une théorie relativiste qui soutienne que quelque chose apparaît d'une certaine façon relativement à certains registres épistémologiquement pertinents, alors qu'en soi, cette chose pourrait bien être tout autre [1].

Pour l'étape suivante de l'argument, supposons qu'il y ait un soupçon généralisable qui s'applique à tous les registres de cette sorte, et qui pourrait nous mener à un idéalisme transcendantal, voir, à la limite, au solipsisme. Dans ce cas, nous pouvons penser qu'il n'y aurait rien du tout s'il n'y avait pas de registre épistémologique pertinent. Peut-être que la forme logique des couleurs comme propriétés relatives à des registres subjectifs peut être généralisée à un tel point qu'elle s'applique à l'espace et au temps (c'est la pensée kantienne) [2].

---

1. Maurizio Ferraris parle d'« erreur transcendantale » (« *transcendental fallacy* »), la confusion entre l'ontologie (ce qu'il y a) et l'épistémologie (ce que nous savons à propos de ce qu'il y a) ; Paul Boghossian parle de « constructivisme » et de « relativisme ». Quentin Meillassoux qualifie cette position de « corrélationisme », quoiqu'il tire d'autres conclusions de sa présentation. Voir M. Gabriel, *Fields of Sense*, *op. cit.*, pour une discussion sur ce sujet.

2. L. Allais, « Kant's Idealism and the Secondary Quality Analogy », *Journal of the History of Philosophy*, 2007, p. 459-484.

Dans ce scénario, même s'il y avait une chose-en-soi inaccessible, elle ne contribuerait en rien à conférer une objectivité vérifiable à nos croyances. Ou peut-être la croyance en l'existence d'une chose telle qu'un être nouménal se révèlerait réductible à l'erreur systématique, aboutissant de nouveau à une forme de solipsisme. Ou bien, en suivant le chemin de pensée de Boghossian : comment excluons-nous le fait que toutes les propositions soient vraies ou fausses uniquement parce qu'elles produisent ou construisent des objets et des faits sur la base d'un registre déjà existant ? S'il est vrai que notre registre des couleurs est ce qui rend les propositions sur les couleurs (ou du moins sur les *qualia* de couleur) vraies ou fausses, pourquoi n'est-ce pas le cas en général ? N'y a-t-il pas un registre correspondant pour toutes les propositions, relativement auquel nous devons rendre la vérifiabilité de la proposition intelligible pour nous-même ?

Pourtant, nous ne pouvons assujettir toute notre théorisation à des réserves systématiques seulement parce que les soupçons de l'erreur systématique sont tenus pour garantis dans certains cas, à moins que nous n'ayons des justifications additionnelles pour la généralisation à partir du cas en question. Il y aura toujours une limite à une telle généralisation, due au fait que nous ne pouvons avoir des réserves systématiques à propos de quelque théorie que ce soit, à moins que nous admettions qu'il existe des discours pour lesquels nous devons reconnaître au moins une potentielle divergence entre nos conditions pour tenir quelque chose pour vrai et la vérité elle-même.

Revenons une dernière fois sur l'exemple extrême du solipsisme, qui est un cas de constructivisme global au sens de Boghossian. Pour le solipsiste, tous les objets et faits existent précisément parce que quelqu'un (le solipsiste lui-même) se réfère à eux. Il est simplement faux que tout le monde considère le solipsisme comme vrai. Nous (les non-solipsistes) avons un tout autre point de départ.

Se convaincre ne serait-ce que d'une aptitude à la vérité du solipsisme par des considérations prenant leur origine dans une théorie de la vérité présuppose que le solipsisme puisse être vrai ou faux. Ainsi, il doit bien y avoir des informations à partir desquelles le solipsiste pourrait arriver à la conclusion que le solipsisme est finalement vrai. Il doit penser qu'il fonde son nouveau point de vue sur quelque chose comme de l'évidence. À partir de quel principe un solipsiste pourrait-il croire que les informations qu'il enregistre sous la forme de régularités phénoménologiques systématiques se manifesteraient comme le pur résultat du fait qu'il les prenne pour vrai? D'après ses propres standards, le solipsisme lui-même est un fait absolu (si c'est vrai, c'est un fait d'une nature tout autre que les faits construits qu'il tient pour vrais simplement parce que leur constitution implique un sujet). Ainsi, le solipsisme devrait être un fait d'après le solipsiste lui-même, même si personne n'a jamais soutenu qu'une telle chose était vraie. Par conséquent, même si le solipsisme était vrai, il devrait demeurer un fait non-construit, et donc absolu. D'où il résulterait que, dans ce scénario antiréaliste extrême, un certain réalisme est en définitive inévitable.

Appelons cette conclusion de l'argument de la facticité le *principe de facticité*.

Ce principe demeure neutre vis-à-vis de tout engagement plus spécifique quant au genre de faits qui le satisfont, en tant qu'il est dérivé de l'idée selon laquelle même si le solipsisme ou quelque chose tendant vers le solipsisme (par exemple l'idéalisme transcendantal tel qu'entendu par bien des critiques) était vrai, il demeurerait valable. Boghossian ajoute une inflexion particulière à sa version de l'argument pour son « objectivisme à propos des faits [1] ». Il ajoute que nous nous reposons à juste titre sur un ensemble de principes épistémiques ou de règles d'inférences, et en particulier que nous supposons que les fameux « spécimens de dimensions moyennes de denrées solides [2] » *sont* plus ou moins tels qu'ils nous apparaissent. Nous ne considérons pas les tables, les pommes, les arbres, les gens ou le Rhin comme les éléments d'un rêve. Et nous effectuons des opérations inférentielles sur les propositions les concernant qui ne sont elles-mêmes pas considérées comme oniriques. Par exemple, quand nous plaçons trois pommes vertes et trois pommes rouges dans un réfrigérateur vide, nous disons et pensons qu'il y a au total six pommes dans le réfrigérateur. Nous ne voyons aucune raison de réserver notre jugement à propos de telles affirmations seulement parce qu'il se pourrait que la vie soit un rêve. C'est globalement la raison pour laquelle les attitudes modernes sont unifiées dans un système d'énoncés naturels à propos des objets mésoscopiques et aux règles d'inférence qui nous permettent d'accéder à des caractéristiques de la réalité physique autrement inobservables. Appelons ce système épistémique le système épistémique moderne (SEM).

---

1. P. Boghossian, *La peur du savoir, op. cit.*, p. 27
2. John L. Austin, *Sense and Sensibilia*, London-Oxford-New York, Clarendon Press, 1962, p. 8 : « moderate-sized specimens of dry goods » (traduit de l'anglais par R. Renaud).

Si nous devons, à un moment ou un autre, tomber sur des faits absolus, pourquoi éliminer d'avance que nous soyons déjà en contact avec eux dans les pratiques scientifiques modernes ? En effet, pourquoi les faits que nous observons dans le SEM ne deviennent-ils des faits qu'après avoir accédé avec succès, dans l'ordre des justifications, à un niveau tel que nous puissions établir des faits à propos du SEM lui-même ? Le principe de facticité souligne plutôt qu'il n'y a pas d'ascension possible dans l'ordre des justifications qui nous permette d'éviter la reconnaissance de faits absolus.

Par conséquent, le réalisme est inévitable. À travers cette application du principe de facticité nous avons acquis des garanties nous permettant de rejeter toute argumentation venant de théories aboutissant au déni général de faits absolus. En procédant ainsi, nous voyons que le principe de facticité nous donne une raison *a priori* de nous attacher à certains principes fondamentaux à partir desquels nous avons commencé notre réflexion. D'après Boghossian, le principe supporte immédiatement un « objectivisme à propos des faits[1] », et supporte secondairement au moins le SEM. Mais ce n'est pas tout. Il est frappant que Boghossian dérive de son application du principe de facticité l'idée d'une « pâte primitive dont le monde est fait »[2]. Le concept boghossianien de SEM est apparemment conçu pour le mettre en position de regarder le monde à partir d'un donné, d'un ensemble de descriptions garanties.

De cette manière, nous pouvons garantir que la pâte mondaine nous est déjà accessible comme une structure

---

1. P. Boghossian, *La peur du savoir*, *op. cit.*, p. 27.
2. *Ibid.*, p. 44.

interne différenciée de faits, et non pas comme n'importe quel bon vieux contenu. S'il est vrai qu'il y a un SEM, et que nous pouvons au moins en imaginer d'autres potentiellement en conflit avec lui, des « systèmes épistémiques alternatif » (SEA), qui ne peuvent pas tous avoir des positions épistémiques égales à celles du SEM, alors il fait aussi sens d'assigner des propositions différentes à ces systèmes. Par exemple :

> (SEM1) La terre a environ 4,5 milliards d'années.
> (SEA1) La terre a environ 6000 ans.

Bien entendu, Boghossian veut pouvoir considérer le fait exprimé en (SEM1) comme objectivement vrai et le fait exprimé en (SEA1) comme objectivement faux. Comme il le reconnaît à juste titre, cela nécessite que la pâte mondaine ne puisse être entièrement indifférenciée.

Le privilège du SEM par rapport aux SEA se comprend par la façon dont Boghossian considère qu'il se distingue nommément des mythes de l'origine du monde comme le créationnisme. Aussi, il refuse de donner à ces mythes la même autorité explicative concernant les événements naturels que le recours aux faits. Le contraste entre (SEM1) et (SEA1) ne laisse que peu de place pour rendre (SEM1) relatif à des superstructures théoriques constructivistes compliquées. Jusqu'ici, tout va bien. Cependant, comment traiter les contrastes tels que celui qui suit ? :

> (SEM2) Des girafes tachetées (et donc multicolores) se tiennent parfois debout sur des montagnes.
> (SEA2) Il n'existe ni girafes, ni couleurs, ni montagnes.

On pourrait argumenter en faveur de (SEA2) à partir d'une extension de quelque chose tenu pour vrai dans le SEM, par exemple, en arguant que les hommes modernes doivent accepter le micro-fondamentalisme, c'est-à-dire la perspective selon laquelle seules les particules subatomiques sont réelles et peuvent être dites « exister »[1]. Cela crée une tension entre notre engagement de sens commun en faveur de l'existence de girafes sur des montagnes, et notre engagement envers certains principes méthodologiques caractéristiques du SEM et sa préférence pour les explications scientifiques plutôt que religieuses.

Dans la mesure où nous pouvons opposer le SEM contre quelque chose de tel que des girafes et des montagnes, il y a une tension entre l'engagement boghossianien, (contre le créationnisme, et en faveur de l'existence des montagnes et des girafes depuis plus longtemps que l'apparition d'êtres usant de concepts), et le fait que ses propres prémisses peuvent contribuer à neutraliser la croyance aux montagnes et aux girafes. L'argument de la facticité établit seulement un sol propre à fonder le réalisme neutre, et laisse ouverte la question de savoir ce qui est effectivement le cas ou non.

Dans l'optique de proposer un réalisme neutre, je voudrais tout d'abord éclairer ma conception minimaliste de la notion de fait. Par fait, j'entends quelque chose de vrai à propos de quelque chose. Il est vrai que je suis actuellement assis en face d'un écran d'ordinateur ; il est vrai que Frankfort se trouve à l'est de Paris ; il est vrai que 5 et 7 font 12 ; il est vrai que Faust tombe amoureux

---

1. Évidemment, on trouve aussi des contre-arguments convaincants. Pour avoir un panorama des arguments métaphysiques et des preuves physiques dans l'autre sens, *cf.* B. Falkenburg, *Particle Metaphysics, A Critical Accout of Subatomic Reality*, Berlin-Heidelberg-New York, Springer, 2007.

de Gretchen, etc. En tant que tel, je n'introduis pas le concept de fait dans l'optique de rendre compte de la fonction véritative de propositions, de pensées et de croyances. Les faits ne sont pas fondamentalement des facteurs de vérité (*truth-makers*); ils sont eux-mêmes vrais, conformément au langage ordinaire où nous nous exprimons couramment de telle façon que des vérités et des faits peuvent être identifiés [1]. En outre, dans le langage ordinaire, nous usons sans problème des conditionnels de vérité contrefactuels (= CVC), par exemple quand nous disons des phrases du type :

> (CVC1) Même si personne ne s'en était jamais rendu compte, il serait tout de même vrai que la lune est un grand caillou en orbite qui tourne sur lui-même.

ou

> (CVC2) Même si personne n'avait jamais dit ou pensé quoique ce soit, il serait tout de même vrai qu'il existe des volcans.

Le problème du réalisme dépend de la façon dont nous faisons sens de cette sorte de conditionnel contrefactuel. Qu'est-ce qui aurait été le cas si certains systèmes épistémiques ou représentationnels n'avaient jamais existé?

---

1. Une perspective contraire est soutenue par les défenseurs de ce que j'appelle « ontologie naïve des individus » dans M. Gabriel, *Die Erkenntnis der Welt*, *op. cit.*, qui supposent qu'il y a un monde qui consiste en des individus qui sont configurés d'une telle manière (spatio-temporellement) que certaines propositions sont rendues vraies par leurs arrangements. « Fait » est alors compris comme « vérifacteur » (*truth-maker*), ce qui suggère immédiatement que les faits ne sont pas simplement des propositions vraies eux-mêmes, mais plutôt *ce en vertu de quoi les propositions vraies sont vraies*. Ici, au contraire, je veux rester proche des usages du langage ordinaire.

En ce sens, nos deux énoncés problématiques du débat réaliste peuvent être évités tout en favorisant une position plus neutre. Un objectivisme général vis-à-vis des faits n'a pas besoin d'être fondé sur une interprétation métaphysique du SEM ou quelque conception métaphysique que ce soit à propos de la nature ultime de la réalité ou de sa composition d'ensemble.

PLURALISME ONTOLOGIQUE

Que l'on me permette d'affiner ma terminologie. Par ontologie, j'entends l'investigation systématique à propos de la signification de l'*existence*, ou plutôt à propos de l'existence elle-même. Par métaphysique, par contraste, j'entends la théorie d'une totalité absolue (du *monde*, ou de la *réalité* comme on le dit en général). Le réalisme métaphysique concerne donc pour moi absolument tout, tandis que le réalisme ontologique n'a pas besoin de s'engager à propos de quelque chose de tel que *le monde* au sens métaphysique du terme.

Le réalisme ontologique soutient que bien des choses auraient tout aussi bien pu exister même en l'absence de créatures usant de concepts, et que c'est là un fait qui ne pose aucun problème. L'antiréalisme ontologique est le résultat de considérations qui neutralisent notre capacité à saisir que l'existence *est* indépendamment de l'activité des créatures usant de concepts, en tant qu'elle soutient qu'il n'y a pas de réponse à la question de ce qu'est l'existence, à moins de ne mentionner que des préférences conceptuelles, ou de rendre le prédicat *existant* relatif à un schème conceptuel. Sur cette question, ma contribution au débat autour du Nouveau Réalisme s'engage à la fois pour le réalisme ontologique et pour un nihilisme métamétaphysique, par quoi je fais référence au concept selon lequel il n'y a rien de tel qu'un domaine comprenant absolument tout – raison pour laquelle la métaphysique n'a aucun objet d'étude.

J'appelle pluralisme ontologique la perspective selon laquelle il y a différents domaines d'objets. Dans la version de cette idée que je défends, certains domaines ont une robustesse modale maximale, en ce qu'ils auraient existé même si personne ne les avait déterminés conceptuellement, théoriquement ou discursivement. Tous les domaines d'objets ne sont pas nécessairement des domaines discursifs, et bien entendu, aucun d'entre eux n'aurait été un domaine discursif si aucune créature n'avait évolué de façon à pouvoir élaborer des discours. Cependant, étant donné l'idée fondamentale du réalisme neutre, cette robustesse ne revient pas à affirmer l'existence des genres naturels, ou à dire que la nature soit métaphysiquement découpée en différents domaines (par exemple, le domaine des êtres animés et celui des êtres inanimés). De mon point de vue, ce qui distingue un domaine des autres est qu'il y a généralement des critères d'identité qui caractérisent des objets comme appartenant audit domaine, indépendamment du fait que nous puissions ou non saisir les critères de cette appartenance. Remarquez que cela n'exclut pas que nous soyons capables de saisir ces critères. En référence à Frege, j'appelle « sens » le critère d'identité responsable de l'appartenance au domaine, et, afin de nous distinguer clairement de la vision extensionnaliste selon laquelle les domaines d'objets ne sont que l'ensemble des objets appartenant au domaine, ma notion la plus générale de domaine d'objets est celle de « champ de sens »[1]. On peut introduire le motif le plus fondamental du pluralisme ontologique tel que je le conçois comme une version modifiée de l'idée d'Hilary Putnam de *relativité conceptuelle*.

Voici ce que j'appelle l'allégorie du cube. Prenons trois cubes disposés sur une table : un bleu, un rouge et un blanc. Supposez que nous demandions à un passant sans préjugé combien il y a d'objets sur la table – ce qui devrait déclencher la réponse juste qu'est « 3 ». Un physicien aux tendances métaphysiques pourrait cependant donner une estimation du nombre de particules élémentaires « disposées sur la table », et ainsi donner la réponse correcte « N », où N est considérablement supérieur à trois. Une réponse créative pourrait être « 1 », par exemple, par une allusion ironique aux films de Kieslowski, si les cubes sont considérés, dans leur disposition, comme une œuvre d'art singulière. Et ainsi de suite. Le mot « sens » se réfère ici à la description dans laquelle 3, N et 1 se trouvent être des réponses à la question du nombre d'objets qu'il y a sur la table.

1. Pour plus de détails et une défense de cette position, *cf.* M. Gabriel, *Fields of Sense, op. cit.* Ce que j'entends par signifiance ontologique dans le concept frégéen de « sens » (*Sinn*) est dans ce contexte similaire au point de vue de Mark Johnston dans "Objective Mind and the Objectivity of Our Minds", *Philosophy and Phenomenological Research* 75/2, p. 233-268 et au chapitre 10 de *Saving God. Religion after Idolatry*, Princeton : Princeton University Press, 2009. Cependant, je ne suis pas certain que Johnston soit vraiment engagé dans un réalisme ontologique complet, sans parler d'un pluralisme ontologique quant au « règne du sens », tel qu'il le lie à son concept d'« esprit objectif », « la totalité des modes objectifs de la présentation » (*Ibid.*, p. 154). Je remercie Arata Hamawaki pour m'avoir fait prendre conscience de la similitude entre la façon que Johnston a de comprendre le règne du sens et ma notion de *champs de sens (fields of sense)*.

Putnam lui-même décrit des exemples similaires et les tient pour des preuves de sa « relativité conceptuelle »; il veut que ses exemples comptent comme des preuves contre le réalisme métaphysique au sens où il l'entend [1]. Sa thèse de la relativité conceptuelle se fonde sur l'observation familière (qui remonte au moins à Frege) selon laquelle les réponses correctes à la question du nombre d'objets peuvent impliquer toute une gamme hétérogène de différentes compréhensions d'« objets ». Ce que l'on prend pour « objet » dépend de préférences conceptuelles. Dès qu'elles sont posées, il y a de la vérité objective, des réponses justes aux questions concernant le nombre d'objets qu'il y a sur la table. Puisque Putnam ne dévie pas de la thèse selon laquelle l'existence peut être comprise à l'aide du quantificateur existentiel, il conclut qu'il ne peut y avoir d'ontologie qui transcende des préférences conceptuelles données.

La réponse à la question « combien de cubes » dans notre scénario dépend de ce qui compte en tant qu'objet. Dans *L'Éthique sans l'Ontologie*, il extrapole à partir de sa thèse ontologique :

> Comment la question de savoir si quelque chose *existe* pourrait-elle être une question de *convention*? Selon moi, la réponse est la suivante : ce que les logiciens appellent le « quantificateur existentiel », le symbole « ($\exists$x) », ainsi que ses équivalents dans la langue ordinaire, les expressions « il y a », « il existe » et « il existe un », « certains », etc., *n'ont pas d'usage unique qui soit absolument précis, mais plutôt toute une famille d'usages* [2].

1. Voir aussi H. Putnam, *L'éthique sans l'ontologie*, *op. cit.*, chapitres 2 et 3.
2. *Ibid.*, p. 66

Le diagnostic de Putnam sur la conséquence à tirer de cas tels que celui des cubes est donc tributaire d'une forme d'antiréalisme ontologique. Dans le passage ci-dessus, il suggère clairement que la pluralité des sens d'« existence » est, d'une manière ou d'une autre « une question de convention ». Pourtant, l'affirmation selon laquelle, dans l'allégorie du cube, il y a beaucoup de réponses objectivement vraies à la question du nombre d'objets, ne doit pas nécessairement être associée à une forme d'antiréalisme. D'après Putnam, la pluralité des réponses correctes à la question « *combien d'objets* » dans le cas des cubes est créée par la pluralité d'usages du quantificateur existentiel. Ainsi, le point de départ de son antiréalisme fait fond sur notre capacité à décrire les situations de différentes manières. Cependant, cette question demeure : à quelles conditions la pluralité des descriptions est-elle vraiment objective ? En d'autres termes, à quelles conditions peut-on considérer que l'existence peut se dire de plusieurs manières ? C'est là que je suis en désaccord avec Putnam. Pourquoi ne pas dire qu'il y a véritablement « N » objets dans le mode de description des physiciens et qu'il n'y en a vraiment qu'un dans le mode de description de l'artiste ? Le réaliste ontologique soutient que chacun a raison. C'est pourquoi le réalisme ontologique est une forme de réalisme neutre. Il ne s'engage à aucune version de l'idée d'après laquelle il y a une structure fondamentale de la réalité, une structure à laquelle la référence mettrait quelqu'un dans la position de privilégier l'un des nombreux sens auxquels les objets se manifestent à la pensée vraie.

Dans cet ordre d'idées, je suggère que nous rendions compte différemment de l'allégorie des cubes. En premier lieu, je voudrais que l'on abandonne le réquisit métaphysique selon lequel il doit y avoir une réalité que nous décrivons de différentes façons et qui, en soi, doit être unifiée. La raison la plus simple pour laquelle il faut aller contre ce réquisit est que nos descriptions de la réalité sont par définition elles-mêmes réelles, de la même façon que ce qu'elles décrivent. Le fait que quelque chose existe, et que nous pourrions décrire de différentes manières, ne doit pas nous induire en erreur et nous conduire à penser qu'il y a un domaine d'objets dont le critère d'identité pourrait différer de ceux que nous saisissons en les décrivant comme étant tels et tels. Si le but est de faire sens d'une pluralité de descriptions vraies, nous ne nous en tirons pas mieux en postulant une réalité métaphysique apparaissant de différentes façons à des observateurs différents. Il y a une foule de raisons qui s'opposent à l'idée d'un monde unifié mais divisé en différentes modalités d'apparitions par la présence de créatures usant de concepts dans *ce* monde.

Tout d'abord, le concept de monde comme totalité absolue est mis en danger par sa propre incohérence, comme le montrent les arguments de Kant, de Cantor et de leurs héritiers Patrick Grim, Graham Priest, et Guido Kreis[1].

En second lieu, même si la supposition d'une totalité était recevable, les objets apparaissant d'une certaine manière à la pensée vraie (ces objets faisant l'objet de différentes descriptions) devraient en même temps appartenir au domaine « totalité absolue »[2]. Si le monde

---

1. Voir P. Grim, *The Incomplete Universe. Totality, Knowledge, and Truth*, Cambridge (Mass.), MIT Press, 1991 ; G. Priest, *Beyond the Limits of Thought*, Cambridge-New York, Cambridge University Press, 2002 ; G. Kreis, *Negative Dialektik des Unendlichen, op. cit.*

2. M. Gabriel, *Transcendental Ontology, op. cit.*, p. 8. Voir aussi E. Schrödinger, *Qu'est-ce que la vie ?*, trad. fr. L. Keffler, Paris, Seuil, 1993, chapitre 3.

était une totalité absolue, alors tout propos concernant les accès pluriels de l'esprit à la réalité extérieure supposerait des structures supplémentaires du monde lui-même. Par conséquent, tout compte-rendu du monde en soi devrait mentionner l'existence d'objets dans des domaines différents et distincts les uns des autres en affirmant qu'ils contiennent des objets suivant des descriptions différentes. Si tel est le cas, dans quelle description tous les objets pourraient-ils coexister dans un domaine comprenant prétendument tous les autres domaines (le monde)?

Troisièmement, l'ordre d'explication qui suit de la croyance selon laquelle différentes descriptions pourraient décrire le même domaine général des objets repose sur la conception déformée du réquisit du réalisme, à savoir la conception (sous-jacente au premier énoncé) pour laquelle le débat réaliste trouve son point de départ dans le problème du monde extérieur. Nous ne pouvons introduire un concept de monde et le prendre pour télos du débat réaliste tant que nous n'avons pas isolé de façon certaine et substantielle ce que nous entendons par *le monde* ou ce qu'il pourrait être en tant que domaine d'objets.

Mais qu'en est-il des cas qui informent notre sens global de la réalité et de l'existence?

Ne devrait-il pas y avoir des verdicts quasiment *a priori* à propos de ce qui informe un compte rendu substantiel du monde? Considérez l'assertion suivante :

(E1) Il n'y a pas de licornes.

Nous supposons que la plupart de nos lecteurs pencheraient à première vue en faveur de cette proposition. Mais, bien entendu, il doit exister des licornes en un certain sens, par exemple dans le film *La dernière licorne*, ou encore dans le livre *Unicorns are Jerks*. Qu'il n'y ait qu'une seule licorne mentionnée dans *La Dernière Licorne* et qu'il y en ait beaucoup dans *Unicorns are Jerks* n'est pas vrai *parce qu'*il y a une seule réalité que nous décririons de plusieurs façons. Les trois phrases,

> (E1) Il n'y a pas de licornes.
> (E2) Il y a exactement une licorne.
> (E3) Il y a plusieurs licornes, et elles se comportent toutes très mal.

sont toutes vraies, mais pas parce qu'elles décrivent la réalité de différentes façons : plutôt parce qu'elles sont vraies dans différents champs de sens. Par exemple, (E1) est vrai pour ce qui concerne la planète terre, (E2) pour *La dernière licorne*, et (E3) pour *Unicorns are Jerks*. Le réalisme neutre, combiné au réalisme ontologique, prétend qu'il suffit pour quelque chose d'apparaître dans n'importe quel domaine pour *exister*. Il n'y a aucun besoin de l'énoncé métaphysique d'un domaine de tous les domaines, énoncé qui conduit à la question suivante : en quel sens pourrait-on dire de ce domaine qu'il existe[1] ?

De même que dans le cas des licornes,

> (E4) Faust est un objet fictionnel,

et

> (E5) Faust existe en réalité

ne sont pas incompatibles, puisque la fiction et la réalité ne se différencient pas simplement parce qu'il y a un domaine singulier de tous les domaines appelé « réalité » auquel Faust devrait ou appartenir ou ne pas appartenir. La constellation littéraire est en outre bien plus complexe

---

1. Pour une argumentation contre l'existence même du monde dans le sens métaphysique du terme, *cf.* M. Gabriel, *Fields of Sense, op. cit.*

ontologiquement, puisque Faust, par exemple, est à la fois un personnage historique, et un personnage de légende, en plus d'être le personnage littéraire qui est tombé amoureux de Gretchen. De la même manière, *Mort à Venise* concerne véritablement Venise et Munich, et pas seulement une Venise et une Munich imaginaires ou fictionnelles. La fiction n'est généralement pas un domaine séparé du monde au sens métaphysique (« totalité absolue »).

Dans le même ordre d'idées, Kripke fait remarquer avec justesse qu'il n'y a pas que des « objets fictionnels », mais aussi des « objets fictionnels fictionnels »[1]. Dans son approche du problème, cependant, il fait marche arrière au moment de devoir accepter à la fois un concept d'existence restreint et un concept d'existence non-restreint. Pourtant, l'existence de Faust n'est pas plus ou moins restreinte ou non-restreinte que n'importe quelle autre existence, même s'il est vrai que la pièce *Faust* n'aurait jamais existé si l'imagination littéraire n'avait joué aucun rôle dans sa production. On ne doit pas limiter les conclusions de cette leçon à l'ontologie des objets fictionnels. J'entends la phrase suivante selon la même interprétation ontologique :

(E6) Il y a exactement un entier naturel entre 3 et 5.

Autrement dit, je la considère comme une assertion qui concerne un domaine, à savoir le domaine des entiers naturels. Je considère la phrase suivante de la même manière :

(E7) La République Fédérale d'Allemagne existe.

---

1. Saul A. Kripke, *Reference and Existence*, Oxford-New York, Oxford University Press, 2013, p. 60, Remarques 3, 73, 78, 81.

Elle existe dans l'Union Européenne par exemple, ou dans le domaine des démocraties modernes.

Quand on applique cette forme de pluralisme ontologique à l'allégorie des cubes, on peut dire qu'il y a trois cubes dans le domaine des cubes, et « N » particules élémentaires dans le domaine d'une région spatiotemporelle particulière. La tentation d'établir un domaine de base réducteur et unifié de toutes ces expressions, et de réduire, par exemple, les cubes et l'œuvre d'art à une région spatiotemporelle correspondante, viole immédiatement la croyance reçue en l'existence des autres descriptions. Carnap exprime ainsi son attachement de jeunesse au réalisme métaphysique dans *La construction logique du monde* : « il n'y a au contraire qu'un domaine d'objets et donc une seule science »[1].

Mais un tel engagement n'est pas essentiellement attaché au réalisme neutre. Comment des considérations qui sous-tendent le débat sur le réalisme pourraient-elles motiver en quoi que ce soit des propositions métaphysiques substantielles telles que celle suivant laquelle la philologie, la sociologie, la science politique, et peut-être aussi la géologie, la biologie et la chimie ne sont pas toutes des sciences qui impliquent des engagements objectivement vrais ? On va ici à l'encontre de l'exigence selon laquelle seul un réalisme ontologique peut être adopté si nous nous engageons en faveur d'un réalisme *métaphysique* plus substantiel. Du même coup, cela fait partie de ce qui s'oppose à l'identification de l'ontologie à la métaphysique.

Comme je l'ai fait remarquer jusqu'ici, la faiblesse du réalisme métaphysique n'implique pas de thérapie

---

1. R. Carnap, *La construction logique du monde*, trad. fr. Th. Rivain et revue par É. Schwarz, Paris, Vrin, 2002, p. 60.

antiréaliste, puisqu'on peut encore défendre un réalisme qui soit à la fois ontologiquement réaliste et ontologiquement pluraliste. Il pourrait être utile de clarifier ma position en revenant sur la forme de pluralisme ontologique que Kristopher McDaniel et Jason Turner ont récemment proposé de discuter [1]. La position à laquelle ils se réfèrent et qu'ils nomment « pluralisme ontologique » n'est qu'esquissée, puisqu'ils se concentrent sur la justification métaontologique de la cohérence de l'idée selon laquelle il pourrait y avoir « des modes d'êtres » (*ways of being*) [2]. Leur discussion à propos de la viabilité d'une telle position demeure à l'intérieur du cadre de la métaphysique. L'ontologie, pour eux, est liée à la recherche des structures fondamentales de la réalité, et dans leur conception, un désaccord ontologique concerne

---

1. Voir K. McDaniel, « Ways of Being », dans D. Chalmers, D. Manley, R. Wassermann (éd)., *Metametaphysics, op. cit.*; « A Return to the Analogy of Being », *Philosophy and Phenomenological Research* 81/3 (2010), p. 688-717 ; « Being and Almost Nothingness », *Nous* 44/4 (2010), p. 628-649 ; « Heidegger's Metaphysics of Material Beings », *Philosophy and Phenomenological Research* 87/2 (2013), p. 332-357 ; J. Turner, « Ontological Pluralism », *The Journal of Philosophy* 107/1 (2010), p. 5-34 ; « Ontological Nihilism », *Oxford Studies in Metaphysics* 6 (2011), p. 1-54. À ce propos voir aussi B. Caplan, « Ontological Superpluralism », *Philosophical Perspectives* 25 (2011), p. 79-114.

2. J. Turner, « Ontological Pluralism » *op. cit.*, p. 5 : « D'après le pluralisme ontologique, il y a différentes façons, différents types, et différents modes d'être (According to ontological pluralism, there are different ways, kinds, or modes of being) », traduit de l'anglais par Robin Renaud. Ce n'est pas là une remarque triviale, puisqu'elle présente le pluralisme comme une revendication non pas à propos de la pluralité des domaines, mais des façons, types et modes d'êtres, ce qui est une façon d'être un pluraliste ontologique parmi d'autres. Cependant, je ne soutiens pas qu'il y a des façons, types ou modes d'être, mais plutôt qu'il y a des domaines d'objets (champs de sens) et que c'est la raison pour laquelle il y a différents sens d'« *existence* ».

le sens et la fonction de la quantification existentielle au niveau de la structure fondamentale. Turner définit le pluralisme ontologique comme le concept qui dit que « *la vraie théorie fondamentale fait usage de divers quantificateurs existentiels* »[1]. Cela présuppose évidemment qu'il y ait une vraie théorie fondamentale, ce que je nie. Je rejette l'idée selon laquelle nous avons seulement besoin de définir quel degré de pluralité est requis par un usage du quantificateur existentiel capable de donner une valeur de vérité pour sauver le monisme ontologique.

McDaniel et Turner entreprennent une ontologie du domaine au sens où nous parlons de pluralisme ontologique dans ce chapitre – ce qui signifie qu'ils soutiennent qu'*exister* pour une chose revient à appartenir à un domaine. L'existence concerne donc des domaines et non pas la détermination de prédicats de choses et d'objets à l'intérieur d'un domaine. Turner approche de très près d'une telle ontologie du domaine.

Les quantificateurs nous donnent des domaines de choses, et les prédicats nous permettent de les subdiviser.

> Les quantificateurs sont premiers : ce n'est qu'après avoir défini nos domaines de choses, fournis par nos quantificateurs, que nous pouvons commencer à les subdiviser avec nos prédicats[2].

Le réalisme neutre ne suit pas l'énoncé méthodologique répandu selon lequel nous comprenons mieux, voire complètement l'existence en étudiant l'usage du

---

1. *Ibid.*, p. 9.
2. *Ibid.*, p. 30 : « Quantifiers give us a realm of things, and predicates let us divide that realm. Quantifiers come first : only after we have our domain of things, provided by the quantifiers, can we start dividing them up with our predicates » (traduit de l'anglais par R. Renaud).

quantificateur existentiel dans les discours pertinents[1]. Je crois que l'ordre actuel de l'explication devrait être inversé : afin de comprendre comment des assertions comprenant « ∃ » parlent de l'existence, il faut que l'on ait accès au sens d'*existence* indépendamment de tout système formel préalablement établi.

Malgré les différences entre les pluralismes ontologiques de McDaniel et de Turner et celui que j'ai présenté ici, nos différents usages du terme ne sont pas simplement des homonymes parce que, dans mon vocabulaire, leur pluralisme ontologique est indissociablement lié à un réalisme métaphysique. Or, le réalisme métaphysique est quelque chose que je rejette. La différence entre leur pluralisme ontologique et la vision que je défends ici est que j'argumente en faveur d'un pluralisme ontologique sans métaphysique et par conséquent sans réalisme métaphysique.

La position défendue ici est donc celle d'un réalisme neutre, non seulement parce qu'elle considère que la métaphysique est un sujet vide, mais aussi parce qu'elle affirme qu'il n'y a pas besoin de favoriser une position métaphysique particulière pour être un réaliste ontologique, à la fois pluraliste et neutre, au sens mis en avant dans ce propos[2].

---

1. Dans l'ontologie contemporaine, Peter van Inwagen est un défenseur typique de cette idée. *Cf.* P. van Inwagen, *Existence. Essays in Ontology*, Cambridge, Cambridge University Press, 2014.

2. La première version de cet article était fondée sur la traduction de l'allemand par Abby Rutherford et Gregory Scott Moss. La version allemande, « Neutraler Realismus », *Philosophisches Jahrbuch* 121/2 (2014), p. 352-372, est devenu l'article de proue pour la section « discussion » d'un volume du *Philosophisches Jahrbuch*.

CHAPITRE 4

L'ÊTRE HUMAIN ET SA MYTHOLOGIE
QUELQUES RÉFLEXIONS SUR
DE LA CERTITUDE [1]

Je me permets de commencer par une déclaration inaugurale grandiose. Après tout, je suis bien, en un sens, un philosophe allemand. L'être humain est l'être qui vit sa vie selon une conception de ce que c'est qu'être un être humain. On ne peut cependant jamais clarifier complètement cette conception, suivant laquelle nous vivons nos vies en tant qu'êtres humains, en la décrivant en termes propositionnels. Pour cette raison, la vie sociale humaine est, à un point non négligeable, constitutivement opaque.

Dans ce propos, je vais proposer une lecture de certaines remarques de *De la Certitude* qui mobilisent ce principe anthropologique élémentaire selon lequel l'être humain est une réponse à la question fondamentale de ce qu'il est. La réponse que nous donnons à cette question nous transforme en ce que nous sommes, et elle est induite par nos différentes éducations. Elle ne nous est

1. Texte présenté dans le cadre du Séminaire Wittgenstein le 04.02.2017 à Paris I Panthéon-Sorbonne et traduit de l'anglais par M. Gerardin-Laverge.

pas imposée de force, elle n'est pas non plus immuable. Nous pouvons modifier la réponse que nous apportons à la question de savoir qui nous sommes, mais pas au sens où nous pourrions être « réinitialisés ». On ne part jamais de rien.

Il me semble qu'il y a au moins trois périodes différentes dans l'évolution philosophique de Wittgenstein et dans sa manière de parler de cette évolution, et notamment de son héritage philosophique, même s'il y a bien un fil conducteur commun qui les parcourt. Les trois périodes auxquelles je pense correspondent très grossièrement aux projets respectifs du *Tractatus*, des *Recherches philosophiques* et de *De la Certitude*. Bien sûr, en y regardant de plus près, on verra que cette délimitation se montre bien plus difficile à faire qu'on ne le pensait. Une des raisons de cette difficulté tient à la précarité du statut philologique qu'on peut accorder aux différents textes et aux différentes formes de présentation et d'expression dont Wittgenstein a fait usage au cours de sa carrière philosophique.

On pourrait globalement donner sens à cette division rudimentaire de la pensée de Wittgenstein en trois périodes de la façon suivante. Il entreprend d'abord de donner une limite à ce qu'il appelle « l'expression des pensées » [1]. Quand il revient à la philosophie après une période d'interruption, il découvre que l'expression des pensées n'est jamais vraiment une question de forme logique au sens de Frege ou de Russell, mais plutôt un trait grammatical d'une forme de vie. Il s'attache alors à étudier l'histoire naturelle de l'expression des pensées à la lumière du problème de « suivre une règle », qu'il a

---

1. L. Wittgenstein, *Tractatus logico-philosophicus*, *op. cit.*, p. 31.

récemment découvert. S'il existe quelque chose comme
l'application d'une forme logique, un penseur doit être en
mesure de déterminer si sa propre performance n'est pas
à la hauteur d'une norme. Cependant, toute évaluation
de ce genre devra se fonder sur une pratique dotée
d'une forme grammaticale, qui elle-même dépend de sa
participation à une pratique. En fait, Wittgenstein achoppe
sur le problème du pouvoir du jugement tel que Kant l'a
posé dans la *Première Critique* : on ne peut jamais rendre
compte de façon parfaitement limpide, suivant une forme
logique, de ce que c'est que d'appliquer une règle à un
cas donné, de même que de la capacité à suivre une règle.
Il n'y a tout simplement pas de manière d'assigner *a
priori* une forme logique à un énoncé grammatical ou à
une forme de phrase structurée en inférence. Autrement
dit, Wittgenstein reconnaît très clairement qu'on ne peut
distinguer les inférences *purement logiques* des inférences *matérielles*, sur la base de quelque examen que
ce soit de la nature de la logique, c'est-à-dire de la forme
logique en tant que telle [1].

Dans ce contexte, il commence à raison par chercher
le fondement sur lequel repose notre activité de jugement, fondement qui ne peut pas être simplement assimilé à une performance logique, étant donné que la
performance logique n'est, au mieux, qu'un cas limité
d'application de règles. Pour le second Wittgenstein, un
comportement gouverné par des règles n'est, de manière
générale, absolument pas soumis à quelque forme que ce
soit de symbolisme non interprété.

---

1. Voir à ce propos J. MacFarlane, « Frege, Kant, and the Logic in
Logicism », *The Philosophical Review* 111, 2002, p. 25-65.

Cependant, s'il remplace l'image transcendantale du *Tractatus* par une vision radicalement naturalisée des pratiques humaines comme fondement de ce qui est gouverné par les règles, le comportement grammatical omet un point important qui joue pourtant un rôle de premier plan dans le groupe de remarques rassemblées sous le nom *De la Certitude*. Pour ma part, je pense que *De la Certitude* tente de rendre compte d'hypothèses incontestables concernant la pratique humaine de juger et de croire, d'une manière qui explique pourquoi certaines des propositions que nous pouvons effectivement formuler constituent précisément le socle de la croyance humaine à un point donné de l'histoire relatif à une certaine communauté. À ce moment-là, Wittgenstein réalise que le jugement humain n'a pas une forme humaine universelle, une forme de vie qui, disons, séparerait l'être humain des lions. Il dessine plutôt maintenant une frontière entre différentes communautés sur la base de leurs certitudes.

Une certitude est une croyance établie qu'on peut transformer, dès lors qu'on l'explicite, en charnière inférentielle. Elle permet aux personnes ayant une croyance d'acquérir une connaissance ordinaire de la réalité, sans être elle-même acquise à la façon d'une connaissance ordinaire. Wittgenstein passe beaucoup de temps à établir comment on peut en retour acquérir une certitude, sans que cela l'oblige à supposer qu'il existe quelque chose comme un esprit humain formaté *a priori*. Il cherche plutôt à trouver une manière ordinaire d'expliquer comment nous considérons sans plus de cérémonie que certaines choses vont de soi. Dans ce contexte, je vais montrer que Wittgenstein distingue *un système de croyances* en général, une *image du monde* et une *mythologie*, et que cette conception ne mène pas immédiatement au relativisme standard, nom que je donne à l'idée selon laquelle chacune de nos croyances est en fin de compte optionnelle, et ne peut être rationnellement justifiée si on la confronte à une alternative radicale.

CONNAISSANCE ORDINAIRE ET ONTOLOGIE

Au paragraphe 475 de *De la Certitude*, Wittgenstein propose une image de l'être humain :

> 475. Je veux considérer l'homme ici comme animal ; comme un être primitif à qui l'on accorde l'instinct, mais non le raisonnement. Comme un être dans un état primitif. Car nous n'avons pas à avoir honte d'une logique qui suffit à un moyen de communication primitif. Le langage n'émerge pas du raisonnement [1].

Remarquez qu'il n'affirme pas que l'être humain est effectivement un animal ou un être primitif. Il nous dit plutôt qu'il veut considérer l'homme ici comme un animal. Il fonde sa proposition sur l'observation suivante : le langage n'a pas été inventé de la manière dont, disons, on peut considérer les systèmes formels comme des inventions humaines. Les hommes, par le passé, se sont simplement mis à parler à un moment. À mesure qu'ils parlaient, ils ont créé des institutions, c'est-à-dire les voies de ce qui constitue un comportement acceptable et un comportement inacceptable. Il y a certaines choses que l'on peut dire dans un langage, et par là on les transmet alors qu'on en rejette d'autres. À un niveau préhistorique, cela n'a pas pu arriver du fait d'un arrangement logique

---

1. L. Wittgenstein, *De la certitude*, trad. fr. D. Moyalle-Sharrock, Paris, Gallimard, 2006, § 475, p. 134.

spécifique quel qu'il soit, étant donné que la logique, en tant que calcul syntaxique ou que modèle ancré dans un système formel, ne peut arriver que plus tard dans le développement de l'expression de la pensée. La raison de ce point, qui joue un rôle important non seulement dans la philosophie des mathématiques de Wittgenstein, mais aussi dans les *Recherches Philosophiques*, c'est que le jeu de langage fondamental, modélisé par les systèmes formels, est l'acte de parole qui consiste à affirmer quelque chose concernant la manière dont sont les choses. Mais le langage a beaucoup d'autres fonctions. Dès lors, toute représentation rigidifiée ou formalisée de fragments du langage ordinaire ne peut jamais qu'être la traduction d'un sous-ensemble de langage humain dans un autre langage.

Ainsi, le langage ordinaire n'est, au mieux, que partiellement représentable ou traduisible dans une machine syntaxique comme la logique telle qu'on en est venus à la considérer dans le sillage de Frege, Russell et Carnap. Quand vient le moment d'expliquer comment les humains acquièrent des capacités linguistiques, on ne devrait pas faire appel à notre capacité de transformer des fragments du langage ordinaire en fragments formels reliés par des règles formelles d'inférence et des règles de transformation purement syntaxiques.

Cette remarque est immédiatement suivie d'une série de remarques concernant l'ontologie. Regardons plus précisément les paragraphes 476 à 479 de *De la Certitude* :

> 476. L'enfant n'apprend pas que les livres existent, que les fauteuils existent, etc., – il apprend à aller chercher des livres, à s'asseoir dans des fauteuils, etc.

Plus tard, bien sûr, viennent des questions à propos de l'existence : « Y a-t-il des licornes ? » et ainsi de suite. Mais une telle question n'est possible que parce que, en règle générale, aucune autre ne se présente qui lui corresponde. En effet, comment sait-on comment on est censé se convaincre de l'existence de la licorne ? Comment a-t-on appris la méthode qui nous permet de déterminer si quelque chose existe ou non ?

477. « Ainsi il nous faut savoir que les objets dont nous transmettons les noms à un enfant par une explication ostensive existent. » – Pourquoi doit-on le savoir ? Ne suffit-il pas que l'expérience ne nous montre pas le contraire plus tard ?
Après tout, pourquoi le jeu de langage devrait-il reposer sur un savoir ?

478. L'enfant croit-il que le lait existe ? Ou sait-il que le lait existe ? Est-ce que le chat sait que la souris existe ?

479. Devons-nous dire que la connaissance de l'existence des objets physiques se fait très tôt ou très tard[1] ?

De mon point de vue, le propos de Wittgenstein dans ces remarques revient à dire que la notion de jeu de langage, associée aux questions d'existence, c'est-à-dire à l'ontologie, ne repose pas sur une sorte de connaissance propositionnelle ordinaire. La connaissance propositionnelle ordinaire a une forme qui nous est familière : un sujet S sait que quelque chose est le cas : « S sait que p ». Dans le cas ordinaire, dire qu'on sait que p, c'est-à-dire affirmer que p, nous met dans la position de répondre à une question. La personne qui dit qu'elle sait que p dit qu'elle connaît la réponse à une question.

1. L. Wittgenstein, *De la certitude*, *op. cit.*, § 476-479, p. 135.

À ce moment-là, Wittgenstein recourt à son coup de maitre, familier depuis les *Recherches Philosophiques*. Ce coup de maitre consiste à nier qu'il doive y avoir une et une seule sorte de procédure substantielle qu'on suit quand on répond à une question. Un exemple d'erreur dans ce domaine, c'est une forme de généralisation abusive que nous appellerons « empirisme brut ». Pour l'empirisme brut, savoir que quelque chose est le cas, c'est en avoir fait l'expérience dans une certaine interaction de nos modalités sensorielles. L'empiriste brut, déjà réfuté par Platon dans le *Théétète*, auquel Wittgenstein se réfère régulièrement, croit que savoir, c'est avoir perçu quelque chose. Croire que la connaissance est fondamentalement perception ou, pour le dire un peu autrement, croire que toute connaissance repose sur des états fondés sur des perceptions, est une manœuvre réductionniste injustifiée. Elle est injustifiée pour la simple raison qu'il y a d'autres façons d'acquérir une connaissance propositionnelle ordinaire, comme le témoignage, le raisonnement mathématique ou, disons, l'intelligence émotionnelle. Wittgenstein résume cette idée au paragraphe 90 de *De la Certitude* :

> 90. « Je sais » a un sens primitif qui ressemble et s'apparente à « Je vois ». (« *Wissen* », « *videre* ».) Et « Je savais qu'il était dans la pièce mais il n'y était pas » est semblable à « Je l'ai vu dans la pièce, mais il n'y était pas ». « Je sais » est censé exprimer une relation, non entre moi et le sens d'une proposition (ce que fait « je crois »), mais entre moi et un fait. De sorte que le *fait* est assimilé par ma conscience. (C'est là également la raison pour laquelle on a envie de dire qu'on ne *sait* rien de ce qui passe dans le monde extérieur, mais seulement dans celui de ce qu'on appelle les données

sensibles). Cela nous donnerait une image du savoir comme d'une perception d'un événement externe par des rayons visuels qui le projettent tel quel dans l'œil et dans la conscience. Mais alors la question se pose immédiatement : peut-on être *sûr* de cette projection ? Et cette image montre bien la *représentation* que nous nous faisons du savoir, mais non ce qui se trouve à la base de cette représentation [1].

Pour Wittgenstein, l'idée selon laquelle il y aurait une architecture épistémique quelle qu'elle soit – fondationnaliste, cohérentiste, contextualiste, infinitiste, relativiste ou ce que vous voulez – reposera toujours sur une extension abusive de certains cas qui se trouvent être venus à l'esprit du théoricien. À cet égard, je pense qu'on peut reconnaître à Wittgenstein d'avoir bien vu que toute représentation de la nature métaphysique de la connaissance (et de son architecture, assimilée à un radeau ou à une pyramide) doit privilégier d'une manière ou d'une autre un certain fragment du langage ordinaire considéré comme représentatif d'un nombre incalculable d'autres langages. Ce fragment se base généralement sur les échantillons d'une collection très limitée de fragments des langages naturels familiers à quelqu'un.

Dans les remarques qu'on vient de lire, Wittgenstein fait allusion à l'idée très répandue selon laquelle il y aurait une relation métaphysique entre la connaissance ontologique (connaître la réponse aux questions d'existence) et les définitions ostensives. Comme si pour savoir que quelque chose existe, on devait littéralement le montrer du doigt. On peut trouver une version sophistiquée de cette idée dans la tradition kantienne, par

---

1. L. Wittgenstein, *De la certitude*, *op. cit.*, § 90, p. 38.

exemple, qui, à l'instar de Kant lui-même, lie l'existence à l'intuition, c'est-à-dire à la représentation singulière. Cela crée toutes sortes de paradoxes pour le Kantien, en particulier celui qui mène aux antinomies et au paralogisme dans la *Première Critique*, puisque que Kant restreint arbitrairement l'intuition au contact immédiat avec les apparences spatio-temporelles et ne l'applique par conséquent ni au soi, ni à Dieu, ni au monde dans sa totalité. Pour cette raison, Kant n'est pas en mesure de dire qu'il sait qu'un penseur de pensées existe, en tous cas pas à partir d'une définition ostensive.

Du point de vue d'un philosophe ayant une sensibilité méthodologique wittgensteinienne, cette tradition toute entière, qui fonde notre capacité à répondre à des questions ontologiques sur une sorte de faculté mentale fondamentale, n'est rien d'autre que la réification des propriétés d'un ensemble aléatoire de cas qu'on privilégie pour expliquer comment nous avons appris à répondre aux questions d'un certain type. S'inquiéter du fait que les tables existent, puisque nous pouvons les montrer du doigt dans notre environnement immédiat, alors que la plupart sont des objets abstraits qui ne sont situés ni dans l'espace ni dans le temps, et qui sont donc ontologiquement suspects, ne devrait pas nous tromper au point de nous conduire à une théorisation substantielle.

C'est précisément ce qui est en train d'arriver, comme on peut le justifier en s'appuyant sur les remarques 480 à 484 de *De la Certitude* :

> 480. Un enfant qui apprend à utiliser le mot « arbre ». On est avec lui devant un arbre et on dit : « Le *bel* arbre ! » Il est bien clair qu'aucun doute quant à l'existence de l'arbre n'est intervenu dans le jeu de langage. Peut-on

dire cependant que l'enfant *sait* qu'un arbre existe ? Il est vrai que « savoir quelque chose » n'implique pas *penser* à cette chose, mais quelqu'un qui sait quelque chose ne doit-il pas pouvoir être susceptible d'en douter ? Et douter veut dire penser.

481. Lorsqu'on entend Moore dire : « Je *sais* que ceci est un arbre », on comprend soudain ceux qui estiment que cela n'a aucunement été établi.
La chose nous apparaît tout à coup confuse et floue. C'est comme si Moore lui avait projeté une fausse lumière.
C'est comme si je voyais un tableau (peut-être un décor de théâtre) et reconnaissais de loin, immédiatement et sans le moindre doute, ce qu'il représente. Puis je me rapproche ; et là, je vois de nombreuses taches de différentes couleurs, toutes hautement ambiguës et ne procurant aucune certitude du tout.

482. C'est comme si « Je sais » ne supportait pas d'inflexion métaphysique.

483. L'utilisation correcte des mots « Je sais ». Quelqu'un qui a la vue faible me demande : « Crois-tu que ce que nous voyons là-bas est un arbre ? » — Je réponds : « Je le *sais* ; je le vois très bien et il m'est familier. » A : « N. N. est-il chez lui ? » — Moi : « Oui, je crois. » — A : « Était-il chez lui hier ? » — Moi : « Je sais qu'il était chez lui hier, je lui ai parlé. » — A : « Sais-tu que cette partie de la maison vient d'être construite, ou le crois-tu seulement ? » — Moi : « Je le *sais* ; je me suis informé auprès de... »

484. Là, donc, on dit : « Je sais » et on donne les raisons de ce savoir, ou du moins on peut les donner [1].

---

1. L. Wittgenstein, *De la certitude*, *op. cit.*, § 480-484, p. 136.

Wittgenstein nous offre ici une occasion de comprendre ce que j'ai défendu ailleurs sous le nom de « pluralisme épistémologique »[1]. Pour faire vite, le pluralisme épistémologique affirme que tout signe du type « S sait que p » est susceptible de tomber dans un nombre indéfini de catégories différentes, définies par des méthodes de justification propres à différents domaines. Savoir qu'il pleut à Londres; savoir que $2 + 2 = 4$; que mon nom est Markus Gabriel; que Donald Trump est un fou dangereux, etc., n'ont pas toutes besoin du même type de justification. Il y a toutes sortes de choses qu'on peut faire pour obtenir le statut social de quelqu'un qui sait, et pour savoir effectivement que quelque chose est le cas. Nous n'avons aucune raison métaphysique de croire que la relation entre la sorte de « connaissance propositionnelle ordinaire » et ses signes est telle que tous ses signes ont le trait commun suivant : la personne qui sait suit une procédure spécifique, et peut donc être reconnue par une communauté comme une personne-qui-sait ordinaire (ce qui inclut les experts). D'un point de vue ontologique, la conséquence est que nous ne devrions pas identifier l'existence à quelque moyen spécifique que ce soit nous permettant de la reconnaître. Quand on y regarde de plus près, cela exclut de nombreuses conceptions majoritaires de l'existence, comme : « être, c'est être la valeur d'une variable liée », « l'existence est une propriété de second ordre des concepts pour laquelle un terme singulier n'est pas vide », « *esse est percipi vel percipi posse* », « être c'est avoir des pouvoirs causaux », et ainsi de suite.

---

1. M. Gabriel, *Fields of Sense*, *op. cit.*, chapitre 12. Voir aussi la position analogue d'un « pluralisme fonctionnel », dans H. Price, *Naturalism without Mirrors*, Oxford-New York, Oxford University Press, 2011.

CULTURE ET SYSTÈME

Une fois qu'il a dit cela, Wittgenstein semble revenir dans *De la Certitude* à un point de vue transcendantal problématique, dans la mesure où il unifie les affirmations de connaissance d'une communauté donnée. Visiblement, dans certains passages éparpillés de son corpus, Wittgenstein est victime de l'idée selon laquelle il y aurait quelque chose comme une communauté ou une culture constituée par les sortes de choses qui sont tenues pour acquises par une communauté. Pensons au célèbre commentaire critique qu'il fait dans la préface des *Remarques Philosophiques* à propos « de la civilisation européenne et américaine »[1], ou à une citation comme celle-ci :

> La culture est semblable à une grande organisation qui indique sa place à chacun de ses membres, une place où il puisse travailler dans l'esprit du tout et où sa force puisse, de la façon la plus légitime, être mesurée à ses conséquences heureuses pour le tout. [...] Si donc il est clair pour moi que la disparition d'une culture ne signifie pas la disparition de la valeur humaine, mais simplement d'un certain mode d'expression de cette valeur, le fait n'en demeure pas moins que c'est sans sympathie que je regarde le fleuve de la civilisation

---

1. L. Wittgenstein, *Remarques philosophiques*, trad. fr. J. Fauve, Paris, Gallimard, 1975, p. 11. Voir aussi L. Wittgenstein, *Remarques mêlées*, trad. fr. G. Granel, Paris, GF-Flammarion, 2002, p. 58 : « Ce livre est écrit pour ceux qui sont en amitié avec l'esprit dans lequel il a été écrit. C'est un esprit qui, à ce que je crois, est autre que celui du courant principal de la civilisation européenne et américaine. L'esprit de cette civilisation, dont l'industrie, l'architecture, la musique, le fascisme et le socialisme de notre temps sont l'expression, est étranger à l'auteur, qui n'a point de sympathie pour lui ».

européenne, sans compréhension pour ses fins – à supposer qu'elle en ait [1].

Cela pose la question suivante : comment Wittgenstein peut-il être en mesure de savoir qu'il existe des cultures en ce sens-là, particulièrement exigeant d'un point de vue théorique (sociologique et anthropologique) ? De toute évidence, l'historien de la philosophie pourrait nous rappeler ici la sympathie bien connue de Wittgenstein pour Oswald Spengler et d'autres penseurs qui unifient le comportement humain en recourant à des idéaux-types comme les « cultures ». Naturellement, même si c'est vrai, cela ne nous aide pas à évaluer les arguments que Wittgenstein serait susceptible de fournir en faveur de l'idée qu'il existe des choses comme des « cultures ». Il n'est pas non plus convaincant de fonder le langage culturaliste sur des manières ordinaires de penser l'action humaine, en dépit du fait que le discours culturaliste est aussi répandu à notre époque qu'il l'a toujours été. Pensons simplement aux expressions parlant de « valeurs Européennes », de « valeurs judéo-chrétiennes », de « la culture occidentale », de « l'Occident » ou même à des mots comme « allemand » ou « français », qui dans beaucoup d'usages cherchent à identifier un trait commun supposé unifier les actions et les croyances humaines en les intégrant dans un certain type de cadre.

Quoi qu'il en soit, Wittgenstein n'est pas simplement une voix de plus dans toute la tradition quasi- ou pseudo-sociologique du culturalisme, qui s'enracine, comme cela a bien été étudié, dans les XVIIIe et XIXe siècles français puis dans la philosophie allemande. Fort heureusement, Wittgenstein a une raison philosophique plus profonde

---

1. L. Wittgenstein, *Remarques mêlées*, *op. cit.*, p. 58 *sq*.

d'invoquer la culture. On peut la trouver en prêtant attention aux conditions d'application des termes « système », « mythologie », et « image du monde » dans *De la Certitude*. Commençons par regarder un texte crucial de *De la Certitude* :

> 105. Toute vérification, toute confirmation et infirmation d'une hypothèse a lieu déjà à l'intérieur d'un système. Et ce système n'est pas un point de départ plus ou moins arbitraire ou douteux de tous nos arguments ; il appartient à l'essence même de ce que nous appelons un argument. Le système n'est pas tant le point de départ de nos arguments que leur milieu vital [1].

Évidemment, ceci constitue un engagement envers une certaine forme d'holisme. Comme nous le savons bien maintenant, dans *De la Certitude*, l'holisme a pour rôle de dompter les pulsions sceptiques. Parce que si on ne peut jamais tester une hypothèse qu'à l'intérieur d'un système, alors on peut vraisemblablement partir du principe que le système lui-même ne peut qu'être testé à l'intérieur du système, au moins dans le sens où l'on y teste des hypothèses ordinaires. Au mieux, tester le système représenterait une activité extraordinaire par rapport à l'activité ordinaire qu'est la recherche du premier ordre.

De mon point de vue, l'un des apports épistémologiques les plus précieux de *De la Certitude* consiste justement à esquisser *une représentation holistique fonctionnelle de l'acquisition de connaissances* [2]. Une

1. L. Wittgenstein, *De la certitude, op. cit.*, § 105, p. 43.
2. Voir à ce propos la position d'un « rolling pragmatism » chez Simon Blackburn, « Pragmatism : all or some », dans H. Price, *Expressivism, Pragmatisim and Representationalism*, Cambridge, Cambridge University Press, 2013, p. 67-84, et en particulier p. 79-81.

représentation épistémologique *fonctionnelle* diffère d'une représentation *métaphysique* dans la mesure où elle rejette l'idée que la connaissance et la justification relèvent d'une architecture existante « là-bas » dans la réalité. Pour Wittgenstein, l'architecture de la justification n'est pas naturelle : il n'y a tout simplement rien comme une connaissance dotée d'une structure spécifique qui puisse être détectée par la recherche philosophique ou scientifique. La sémantique des attributions de connaissance n'est pas unifiée par le fait qu'il y ait une chose comme la connaissance qu'on saisit avec des termes épistémiques dont, bien sûr, celui de « connaissance ».

Pourtant, le rejet d'une métaphysique de la connaissance en ce sens n'implique pas qu'on ne puisse rien dire à propos de la connaissance et de la justification. En effet, il reste vrai que nous ne pouvons tester une hypothèse que dans la mesure où nous pouvons compter sur une procédure, quelle que soit la nature de la procédure. Mais si nous dépendons d'une procédure, alors il existe un système consistant en différentes étapes qu'on doit mettre à exécution, et il existe quelque chose, disons une proposition ou une hypothèse, qu'on doit suivre au regard de la procédure. C'est cet ensemble-là que Wittgenstein appelle un système.

Les géants de la philosophie transcendantale traditionnelle (je pense à Kant, à Fichte ou à d'autres phénoménologues transcendantaux contemporains) pourraient être d'accord avec Wittgenstein en un certain sens, mais ils rejetteraient immédiatement comme une sorte d'erreur génétique la question de savoir d'où viennent les procédures elles-mêmes, comme s'il y avait une distinction claire et nette entre le *quid facti* et le *quid juris*. Wittgenstein résiste à cela à juste titre, même s'il identifie en même temps un fondement au besoin qu'on peut éprouver d'hypostasier les procédures ordinaires en conditions transcendantales d'arrière-plan. Si les géants de la philosophie transcendantale sont dans les parages, c'est parce qu'il est facile de penser que la description fonctionnelle d'une architecture minimale doit saisir une réalité indépendante pour être susceptible de donner une valeur de vérité. Mais cela ne résout pas la question, puisque les géants de la philosophie transcendantale ne font que répéter qu'il y a une architecture métaphysique, en y ajoutant maintenant une représentation générale de la vérité selon laquelle une description doit cartographier une réalité métaphysique pour correspondre aux faits.

Autrement dit, les géants de la philosophie transcendantale confondent une certitude et un fait. Nous devons être certains de quelque chose et, quand vient le moment de tester nos hypothèses, nous devons nous fonder sur une procédure que nous avons apprise, mais cela ne signifie pas que cette procédure consiste en propositions empiriques, ni qu'il y ait des propositions métaphysiques gravées dans le marbre, qui seraient les matériaux de construction fondamentaux de l'architecture de la connaissance et de la justification. Tout ce que cela signifie, c'est que toute personne qui pense, toute personne qui agit, doit se fonder sur quelque chose si d'autres choses lui paraissent incertaines ou optionnelles. Cela ne signifie pas que par principe tout pourrait devenir incertain ou optionnel à ses yeux, et encore moins d'un seul coup.

Indirectement, cette nécessité d'avoir une certitude comme arrière-plan au doute nous donne une raison de croire qu'il y a des faits objectifs dans presque tous les sens du terme.

114. Celui qui n'est certain d'aucun fait, il ne peut non plus être certain du sens de ses mots.

115. Celui qui voudrait douter de tout n'arriverait jamais au doute. Le jeu de douter présuppose lui-même la certitude [1].

Habituellement, les significations de nos mots sont elles-mêmes ancrées dans les faits. Il est vrai que nos mots veulent dire quelque chose si nous pouvons formuler explicitement la procédure relativement à laquelle ou à la lumière de laquelle une chose compte comme incertaine tandis qu'une autre fonctionne comme affirmation d'arrière-plan.

Toute cette suite de pensées nous permet de dégonfler les accents pseudo-sociologiques qu'on trouve dans les remarques de Wittgenstein sur la culture. Nous pouvons nous risquer à dire qu'une *culture* n'est rien d'autre qu'un agrégat de procédures sur laquelle il peut arriver qu'un individu ou un collectif se fonde quand il donne sens à une proposition donnée. Ce n'est pas une sorte de cadre transcendantal ou une manière de voir les choses. Nous ne portons pas nos cultures comme des lunettes à travers lesquelles nous ne verrions la réalité et nos compagnons humains de façon altérée. Nous sommes bien plutôt formés à faire certaines choses pour atteindre certains buts, ce qui génère une culture. Les cultures peuvent alors, en conséquence, s'affronter au sein d'une même culture, s'isoler l'une de l'autre, s'influencer les unes les autres et ainsi de suite.

Remarquez que, dans cette perspective, un véritable affrontement entre cultures n'est pas une différence

---

1. L. Wittgenstein, *De la certitude, op. cit.*, § 114, p. 46 sq.

d'opinions, mais une différence procédurale. Le fondamentaliste chrétien et le philosophe des Lumières, athée convaincu, ne sont pas en désaccord sur la valeur de vérité de la proposition selon laquelle Dieu existe. C'est plutôt qu'ils jouent un rôle différent, qu'ils sont entraînés à faire des choses différentes et prennent à tort ce qui leur paraît plausible du fait de leur entraînement pour des désaccords sur les faits. Néanmoins, comme nous le verrons, cela ne conduit pas au type de relativisme qu'on associe souvent à Wittgenstein, étant donné qu'il ne défend nulle part l'idée selon laquelle les croyances du fondamentaliste chrétien et du philosophe athée concernant, disons, l'âge de la terre, ont d'aussi bons fondements l'une que l'autre.

IMAGE DU MONDE ET MYTHOLOGIE

Dans *De la Certitude*, Wittgenstein entre dans le détail de son intérêt anthropologique général qu'on trouve aussi dans les *Remarques sur Le Rameau d'Or de Frazer*[1]. Dans la série de remarques 94 à 98 de *De la Certitude*, il introduit le thème du holisme en partant d'un autre point de vue.

> 94. Mon image du monde, je ne l'ai pas parce que je me suis convaincu de sa justesse ; ou parce que je suis convaincu de sa justesse. Elle est la toile de fond dont j'ai hérité et sur laquelle je distingue le vrai du faux.

> 95. Les propositions qui décrivent cette image du monde pourraient appartenir à une sorte de mythologie. Et leur rôle serait semblable à celui des règles d'un

---

1. L. Wittgenstein, « Remarques sur Le Rameau d'Or de Frazer », trad. fr. J. Lacoste, *Revue Agone* 23, 2000, p. 13-31.

jeu ; et le jeu peut aussi être appris de façon purement pratique, sans qu'on ait à apprendre de règles explicites.

96. On pourrait s'imaginer que des propositions ayant la forme de propositions empiriques se solidifient et fonctionnent comme des canaux pour les propositions empiriques qui, elles, seraient non pas solides mais fluides ; et que cette relation changerait avec le temps : des propositions fluides se solidifiant, et des propositions solides devenant fluides.

97. La mythologie peut revenir à un état de flux ; dans la rivière, le lit des pensées peut se déplacer. Mais je distingue entre le mouvement de l'eau dans le lit de la rivière et le déplacement du lit lui-même ; bien qu'il n'y ait pas de séparation nette entre les deux.

98. Mais si quelqu'un disait : « Donc la logique est elle aussi une science empirique », il aurait tort. Pourtant, ceci est exact : la même phrase peut être traitée tantôt comme quelque chose que l'on vérifie par l'expérience, tantôt comme une règle de vérification [1].

Il est possible de donner un argument en faveur du raisonnement exprimé ici. Ce que Wittgenstein appelle une « image du monde » est aussi décrit comme « la toile de fond dont j'ai hérité et sur laquelle je distingue le vrai du faux ». On devrait lire cela comme un engagement vis-à-vis d'une conception de la toile de fond héritée selon laquelle elle n'est pas telle qu'elle pourrait être vraie ou fausse. On pourrait alors certainement objecter que si cette toile de fond héritée ne peut être constituée de propositions, alors il devient très difficile de voir comment elle pourrait fournir un support propositionnel aux propositions auxquelles nous croyons. Si la toile

---

1. L. Wittgenstein, *De la certitude*, *op. cit.*, § 94-98, p. 41.

de fond consistait plutôt en une sorte de disposition psychologique à croire certaines choses, en un ensemble de capacités naturelles ou en une combinaison de facteurs psychologiques purement naturels, cela ne donnerait pas vraiment de sens à l'affirmation selon laquelle cette toile de fond est variable au sens requis par les paragraphes 95 à 97 de *De la Certitude*, à moins que Wittgenstein ne fasse ici appel au concept d'arrière-plan (*background*) répandu en philosophie contemporaine depuis, disons, les travaux de Searle et Dreyfus [1]. Appelons-le un « arrière-plan de de Berkeley ». La difficulté quand on identifie l'arrière-plan de Berkeley et l'image du monde de Wittgenstein tient au fait que les conditions de variation d'un arrière-plan de Berkeley constituent la configuration mentale d'un individu. Dans cette perspective, il y aurait autant d'images du monde que d'individus. Par conséquent, faire appel à des images du monde ne conduirait à aucun progrès explicatif dans l'effort pour rendre compte du rôle de la culture. Une image du monde ne pourrait absolument pas être ce qui fait l'unité d'une culture ou de toute autre communauté d'êtres humains si elle était juste un autre nom pour le concept d'arrière-plan de Berkeley. Dans ce cas, qu'est-ce qu'une toile de fond héritée si ce n'est pas un arrière-plan de Berkeley ? Il est tentant ici de recourir à l'une des nombreuses réinterprétations de certaines

---

1. Voir J. Searle, *L'intentionnalité. Essai de philosophie des états mentaux*, trad. fr. Cl. Pichevin, Paris, Minuit, 1985 ; H. Dreyfus, *What Computers Can't Do. The Limits of Artificial Intelligence*, Cambridge (Mass.), MIT Press, 1972 ; H. Dreyfus, *Being-in-the-World. A Commentary on Heidegger's* Being and Time, *Division I*, Cambridge (Mass.), MIT Press, 1991 ; H. Dreyfus, *What Computers Still Can't Do. A Critique of Artificial Reason*, Cambridge (Mass.), MIT Press, 1992.

propositions charnières de *De la Certitude*[1]. J'appelle cette lecture la « lecture propositionnelle » ou, pour faire court, le propositionnalisme. Le propositionnalisme soutient qu'il y a une relation d'inférence entre les propositions socle / charnière et les propositions que nous évaluons à la lumière de procédures permettant de les tester. Les propositions fondamentales sont des propositions ordinaires dont la vérité est simplement tenue pour acquise. Pour le propositionnalisme, une image du monde est un ensemble de propositions dont la vérité n'est pas mise en question par une personne qui pense. Cela nous rapproche de la représentation que se fait une communauté du fait de suivre une règle, puisqu'on pourrait définir une communauté comme un groupe d'individus qui acceptent la vérité des mêmes propositions sans jamais être en mesure de les mettre en question.

Cela ne signifie précisément pas qu'il est logiquement impossible au sens strict de remettre en question les propositions qui jouent un rôle dans la toile de fond héritée, étant donné qu'elles peuvent être des propositions ordinaires dont la valeur de vérité peut être évaluée selon des procédures si nous changeons la toile de fond ou si nous transférons ces propositions dans le cadre d'une autre toile de fond. Par conséquent, le

---

1. Voir la reconstruction pertinente d'une telle position dans Crispin Wright, « Wittgensteinian certainties », dans D. McManus (dir.), *Wittgenstein and Scepticism*, London-New York, Routledge, 2004, p. 22-55. *Cf.* M. Gabriel, « The Art of Skepticism and the Skepticism of Art », *Philosophy Today* 53 (2009), p. 58-70 ; M. Gabriel, « Overcoming Locality Skepticism by Abandoning the World », *in* G. Anthony Bruno et A. C. Rutherford (dir.), *Skepticism. Historical and Contemporary Inquiries*. London, Routledge, 2018, p. 248-264.

fondamentaliste chrétien et moi-même pourrions opter pour des positions nous mettant vraiment en désaccord sur l'âge de la planète terre, où nous tiendrions tous deux à nier la proposition de l'autre précisément parce que nos propositions respectives auraient chacune la fonction d'une certitude dans notre image du monde.

À cette étape de la discussion, Wittgenstein introduit le concept de « mythologie » qui n'est pas identique à celui d'« image du monde ». Il écrit que « les propositions qui décrivent cette image du monde pourraient appartenir à une sorte de mythologie ». Cela constitue un défi pour le propositionnalisme parce que Wittgenstein ne dit pas que l'image du monde consiste en propositions, mais plutôt que les propositions qui la décrivent peuvent faire partie d'une mythologie.

Je propose ici une manière de comprendre la distinction entre une image du monde (non-propositionnelle) et une mythologie (quasi-)propositionnelle. Dans un de mes précédents travaux, j'avais établi une distinction qui m'avait été suggérée par un ancien étudiant, Tom Krell : la distinction entre mythologie *constitutive* et mythologie *régulatrice*[1]. Une mythologie est constitutive dans la mesure où elle fonctionne comme une toile de fond héritée qui se trouve n'être jamais questionnée ou explicitée. Certains éléments de cette mythologie peuvent cependant être explicités s'ils se confrontent à un désaccord radical. Il y a désaccord radical là où les parties impliquées ne peuvent donner sens à leur désaccord que si elles décrivent leur image du monde en termes de propositions certaines

---

1. M. Gabriel, « The Mythological Being of Reflection – An Essay on Hegel, Schelling, and the Contingency of Necessity », dans M. Gabriel et S. Žižek, *Mythology, Madness and Laughter. Subjectivity in German Idealism*, London-New York, Continuum, 2009, p. 15-94.

qu'elles ne veulent pas mettre en question. Les éléments explicites se transforment ainsi en une mythologie régulatrice, puisqu'ils peuvent désormais avoir pour fonction d'orienter une communauté de croyants. Il y a une différence entre agir en fonction d'une conception qu'on se fait de ce que les autres croient et avoir une représentation explicite de conception en question. Les stéréotypes, les plaisanteries, les commentaires dans les éditoriaux de journaux sont des exemples de mythologie régulatrice dans l'ordre social contemporain familier à des gens comme nous. Cependant, on n'est jamais garanti de pouvoir faire la liste des propositions constituant les éléments d'une mythologie régulatrice de façon à épuiser ou à représenter la mythologie constitutive. La toile de fond héritée ne peut tout simplement pas être pleinement explicitée, puisqu'elle ne se présente pas sous une forme bien délimitée. Elle est bien trop vague. Son imprécision n'est même pas la caractéristique linguistique qu'étudie la philosophie du langage ou la logique contemporaine. Elle affecte bien plus profondément les pratiques par lesquelles nous acquérons des croyances, par lesquelles nous en venons à connaître et justifions nos prétentions à connaître.

Cela étant dit, je voudrais maintenant décrire le concept de mythologie (régulatrice) en termes d'idéologie. Une mythologie régulatrice est une idéologie dans la mesure où elle est toujours un ensemble mêlé de propositions effectivement vraies et d'un supplément imaginaire. C'est un autre sens dans lequel on peut, en l'occurrence, parler de mythologie. Prenons l'exemple le plus flagrant de l'idéologie raciste dans sa forme la plus élémentaire. Le raciste auquel je pense croit à juste titre que les êtres humains ont des apparences différentes, qu'ils ont des couleurs de peau différentes, de sorte qu'on peut en gros dire qu'une certaine couleur de peau est naturelle pour une personne donnée. Bien sûr, il m'est possible de bronzer, mais je ne vais jamais ressembler à une personne qu'on catégorise comme « noire ». Le raciste en déduit qu'il existe des races humaines, comme les caucasiens, les asiatiques, ou tout ce que vous voulez. Mais il ne s'arrête pas là. Il y ajoute l'idée selon laquelle le fait d'appartenir à une race rend plus probable qu'un individu agisse de telle ou telle manière. L'ensemble de ces affirmations est idéologique en cela qu'il mélange des vérités évidentes à de nombreux mensonges. Ce n'est pas simplement une erreur, mais une mauvaise interprétation de quelque chose qui est le cas, en l'occurrence que les gens ont des apparences différentes. Cependant, comme on peut le voir facilement, les gens sont différents d'une multitude de manières. Imaginons maintenant que ce raciste rencontre une communauté qui classe les gens en différents sous-groupes en fonction de leur silhouette et non de leur couleur de peau. Le raciste pourrait appeler ces gens des silhouettistes pour mettre en évidence l'erreur qu'il voit. À ce niveau, pourtant, il est encore très loin de comprendre que le racisme n'est métaphysiquement pas mieux que le silhouettisme, et *vice versa*. La raison pour laquelle le raciste et le silhouettiste tiendraient à leur système de croyances même si les fausses propositions se transformaient en éléments d'une mythologie régulatrice ou d'une idéologie, c'est que cette idéologie n'est qu'une description de certains éléments de la mythologie constitutive. La mythologie constitutive repose plus profondément en nous que n'importe quelle idéologie explicite pour la simple raison que nous avons été formés d'une certaine manière qui ne nous sera sans doute jamais entièrement accessible, à nous ou à tout autre membre de ce que nous appelons « société ».

Pour le dire autrement, les faits sociaux sont constitutivement opaques [1]. Le fait que personne ne sache jamais ce qui se passe « dans la société » est constitutif de toute prétention à la connaissance susceptible d'être reconnue comme connaissance par une communauté. Étonnamment, c'est précisément cette opacité qui permet à la conception de Wittgenstein d'échapper au relativisme standard dans ce domaine. Le *relativisme standard* prétend que la raison pour laquelle nous ne pouvons pas trancher les questions sur lesquelles il y a désaccord radical, c'est que nous ne pouvons tout simplement pas connaître ces choses, même si nous pouvons nous replier vers une position qui justifie au moins que nous les croyions. Quand on est confronté à un créationniste, la bonne chose à faire, selon moi, ce n'est pas de remplacer ma prétention à connaître explicitée par une chose plus faible, disons une certitude, mais de tester la valeur de vérité de la proposition désormais disponible. Si je teste l'hypothèse que la terre a plus de 6000 ans, je découvrirai que c'est effectivement vrai. Le créationniste a tout simplement tort. Wittgenstein n'a pas besoin de dire que je ne peux pas maintenir ma certitude une fois qu'elle est devenue un élément de mon idéologie, parce que mon idéologie est toujours un ensemble mélangé de propositions vraies et d'un supplément imaginaire. C'est précisément ce qui explique pourquoi les idéologies peuvent avoir tant de pouvoir à deux niveaux : d'abord,

---

1. M. Gabriel, « Facts, Social Facts, and Sociology », dans W. Gephart, Jan C. Suntrup (dir.), *The Normative Structure of Human Civilization*, *op. cit.*, p. 49-68.

il faut que certaines propositions de l'idéologie soient vraies et ensuite, la manière dont je suis engagé vis-à-vis d'une idéologie n'est pas fonction de mon appréciation de certains de ses éléments cognitivement disponibles, mais plutôt de l'opacité des faits sociaux.

C'est aussi de cette manière que je lis le paragraphe 98 de *De la Certitude*, qui contient d'ailleurs un argument avant la lettre contre l'holisme de Quine.

> 98. Mais si quelqu'un disait : « Donc la logique est elle aussi une science empirique », il aurait tort. Pourtant, ceci est exact : la même phrase peut être traitée tantôt comme quelque chose que l'on vérifie par l'expérience, tantôt comme une règle de vérification[1].

Le paragraphe 422 de *De la Certitude* le dit dans un langage encore plus clair, qui devrait être pris au sérieux par les lectures néo-pragmatistes contemporaines de Wittgenstein : « 422. Je veux donc dire quelque chose qui sonne comme du pragmatisme. Ici, je me laisse égarer par un genre de *Weltanschauung* »[2]. Une « *Weltanschauung* » en tant qu'elle s'oppose à une « *Weltbild* » est une idéologie. Une « *Weltbild* », pour Wittgenstein, est innocente, si l'on peut dire, dans la mesure où personne ne fait rien pour l'acquérir. Cependant, une fois que nous sommes en possession d'une mythologie, nous pouvons précisément tester les hypothèses que nous avons tenues pour acquises et réviser jusqu'à un certain point notre image du monde. Wittgenstein ne dit pas que toutes les propositions sont également empiriques, mais seulement que certaines

---

1. L. Wittgenstein, *De la certitude*, *op. cit.*, § 94-98, p. 41.
2. *Ibid.*, § 422, p. 119.

propositions sont, pour ainsi dire, installées de façon erronée ou aveugle au centre du réseau de nos croyances.

CONCLUSION

La lecture de *De la Certitude* que j'ai esquissée ici a l'avantage d'éviter l'écueil du relativisme standard. En effet, selon ma lecture, Wittgenstein met subtilement en évidence le fait que la même proposition peut à la fois être testée et utilisée comme règle pour tester. Les cas de Russell/Moore qu'il discute (« J'ai deux mains », « La terre existe depuis plus de 5 secondes ou de 6000 ans ») n'ont pas une forme telle que lorsqu'on les confronte à un désaccord radical, on se rend compte que nos croyances sont optionnelles. Nous pouvons en effet tester l'hypothèse selon laquelle la terre a plus de 6000 ans. Si le créationniste persiste à dire le contraire, il a tout simplement tort. Cela ne nous laisse pas avec un désaccord radical mais plutôt dans une situation où nous pourrions au mieux « convertir » notre interlocuteur « à [notre] point de vue », « mais ce serait une conversion d'un genre spécial » où notre interlocuteur « serait amené à voir le monde autrement »[1].

Cela exclut la possibilité que le débat entre le raciste et le silhouettiste soit même, en tant que tel, un désaccord radical. Dans ce cas, ce qu'il se passe, c'est que ni le racisme ni le silhouettisme ne peuvent servir de règle pour tester ni être testé, parce que les deux partis de cet apparent désaccord radical sont dans la position de pouvoir apprendre qu'ils ont eu tort de diviser les êtres humains en sous-groupes. La raison pour laquelle l'histoire ne va pas dans ce sens, et n'est pas un simple

---

1. L. Wittgenstein, *De la certitude*, *op. cit.*, § 92, p. 40.

progrès rationnel, tient encore une fois au rôle que l'opacité constitutive des faits sociaux joue dans notre forme de vie humaine.

Bien sûr, l'opacité des faits sociaux elle-même prend différentes formes. Elle varie remarquablement, tout comme l'idéologie varie et influence la base matérielle de la superstructure mythologique, pour ainsi dire. Mais cette variabilité et cette historicité ne discréditent pas les prétentions à la connaissance véritable.

Bref, Wittgenstein ne nous donne aucune raison d'avoir de la tolérance pour les créationnistes, les racistes, les silhouettistes ou tout autre point de vue nuisible sur la base d'un désaccord radical. Au contraire, il esquisse une position qui nous autorise à la fois à reconnaître le phénomène du désaccord radical et à expliquer pourquoi les batailles idéologiques peuvent persister même si nous, philosophes, avons percé à jour leur non-sens idéologique. La critique purement philosophique de l'idéologie a ses limites, et l'ultime raison pour laquelle il y a des limites au pouvoir de la critique de l'idéologie, ce n'est pas que nous devrions changer le monde au lieu de l'interpréter, mais qu'il n'y a rien comme une interprétation du monde qui soulève le voile d'Isis et puisse servir de base purement rationnelle à la construction d'une société idéale. En fin de compte, personne n'a aucune idée de comment la société fonctionne, et on peut fortement douter qu'il existe une seule et unique chose que nous devrions appeler « société ». Ce que nous savons bien, cependant, c'est que ce qui rend les faits sociaux consti- tutivement opaques, c'est le fait banal de devoir nous mettre à croire certaines choses pour commencer à en tester d'autres. Il n'y a rien de transcendantal, et *a fortiori* de transcendant à cet égard. Malheureusement, les silhouettistes n'ont rien remarqué de cela et leur fantasme idéologique d'une transparence totale de la vie sociale, le panoptique, n'a probablement jamais été aussi puissant que dans les dernières décennies. Une manière de résister aux tours et détours de l'idéologie contemporaine et à ses diverses pathologies socio-politiques est d'apprendre à faire les bonnes distinctions de catégories entre ce qui est effectivement transparent et ce qui est effectivement opaque, distinction qui n'est jamais bien faite dans le discours idéologique contemporain. Nous avons besoin pour cela de réaffirmer notre sens de la réalité et d'identifier les éléments idéologiques qui la structurent afin de donner une image vraie de la manière dont sont réellement les choses. Je laisse cette importante question pour d'autres occasions.

Chapitre 5

L'ONTOLOGIE SOCIALE DE *SEINFELD* [1]

Je commencerai par un rapide rappel de l'intrigue de Seinfeld, une série dont les cent quatre-vingts épisodes répartis sur neuf saisons ont été diffusés de 1989 à 1998, autrement dit au sommet de la frénésie postmoderne concernant la présumée fin de la Guerre Froide et le début de la fin de l'histoire, qui comme on le constate aujourd'hui, se sont tous les deux révélés être des illusions majeures. Le système social qui est au cœur de la série met en scène des personnages nommés Jerry Seinfeld, Elaine Benes, Cosmo Kramer et George Costanza. Elle se déroule à New York et a généralement lieu au Comedy Club de Jerry, son appartement, les appartements de ses amis et de leurs différents partenaires sexuels, aussi bien que dans des boutiques, des restaurants, et des voitures. Il n'y a que quelques exceptions à cette topologie.

Très clairement, les *liens faibles* constituent un sujet de la série, puisque tous les personnages sont fondamentalement incapables d'entretenir des relations humaines durables allant au-delà de l'échange d'opinions patho-

---

1. Texte présenté dans le cadre du séminaire « Les liens faibles » à l'Université Paris-Sorbonne (Paris IV) le 16.03.2017 et traduit de l'anglais par R. Le Doaré.

logiquement détraquées à propos de l'ontologie des différents systèmes sociaux qu'ils tentent d'intégrer. Les amitiés et les différentes aventures amoureuses présentées dans l'univers de la série sont toutes comme gouvernées par des forces de cohésion pour ainsi dire très faibles.

Jerry est un comédien qui ne cesse de chercher l'amour, mais qui est incapable de rester en couple. Elaine, qui fréquentait Jerry à une époque qui n'apparaît jamais dans *Seinfeld*, travaille dans le marché de l'édition. Kramer est sans-emploi et n'essaie même pas de fréquenter qui que ce soit sérieusement. Kramer endosse sans embarras l'ontologie sociale de *Seinfeld*, il en est le personnage le plus avant-gardiste. À l'inverse de Kramer, George essaie vraiment de tomber amoureux et se marie même une fois dans la série. Il est en permanence inquiété par sa vie professionnelle, même si, d'une certaine manière, il semble s'en sortir relativement bien.

Seinfeld est sans doute l'une des séries télévisées les plus philosophiques et les plus profondes que l'humanité n'ait jamais connue. Dans l'histoire de l'expression artistique récente, elle constitue l'une des transitions les plus importantes de la télévision basse-qualité à la télévision haute-qualité – une transition qui a changé la nature de beaucoup de distinctions de genres et qui a finalement conduit à la substitution de la machine temporelle des films à la machine temporelle du développement en série de personnages, d'intrigues, et de récits que l'on peut observer partout.

De mon point de vue, la célèbre synecdoque de *Seinfeld*, dans la première partie du double épisode 3/4 de la saison 4 intitulé « Série noire », a été très justement considérée comme l'épicentre sémantique et ontologique de la série entière. Cependant, dans le contexte des théories médiatiques postmodernes, la question centrale de la série a été mal interprétée, comme je vais le montrer ici. Je commencerai par une explication rapide de l'idée selon laquelle *Seinfeld* en général est une « série à propos de rien ». Vous remarquerez l'aspect paradoxal de cette déclaration au vu du nom de la série, qui signifie en allemand « champ de l'être » (qui est aussi, c'est bien connu, le nom de famille de son créateur et protagoniste, Jerry Seinfeld). La série, qui est une série à propos de rien, porte son identité dans son titre, une caractéristique que j'ai prolongée et dont je fais un large usage implicite dans mes écrits philosophiques, qui s'intitule « *Sinnfeld-Ontologie* », ce qui veut dire « ontologie des champs de sens ». Ensuite j'analyserai en détail l'épisode 3 de la saison 2, « Le blouson », à la lumière des traits centraux de mon explication de l'ontologie sociale générale de la série.

UNE SÉRIE À PROPOS DE RIEN – *SYNECDOQUE, NEW YORK*

Dans le célèbre épisode « Série noire », les directeurs exécutifs de la NBC invitent Jerry, après l'un de ses spectacles humoristiques, à écrire une proposition de série télévisée. En parlant avec Jerry, George en arrive à l'idée brillante d'une « série à propos de rien » (*show about nothing*), qui serait littéralement la série que nous regardons lorsque nous sommes devant *Seinfeld*[1].

---

1. *Seinfeld* se réfère ici certainement aux mots bien connus de Flaubert dans sa lettre à Louise Collet du 16 janvier 1852 : « Ce qui me semble beau, ce que je voudrais faire, c'est un livre sur rien, un livre sans attache extérieure, qui se tiendrait de lui-même par la force interne de son style, comme la terre sans être soutenue se tient en l'air, un livre qui n'aurait presque pas de sujet ou du moins où le sujet

S'ils avaient réellement créé la série dans la série, cela correspondrait à la série que nous regardons. La série à propos de rien, qui n'est jamais produite à l'intérieur de la série, qui n'existe pas en elle-même, existe relativement à nous, les téléspectateurs de la série *Seinfeld*.

Pour commencer, il s'agit là d'une situation ontologique étrange. Au sein du courant dominant de la littérature philosophique qui s'intéresse à la fiction, beaucoup soutiennent que les objets fictifs n'existent en aucune manière. D'autres, plus proches de la vérité, reconnaissent qu'ils doivent bien avoir un genre d'être, peut-être celui des objets abstraits. Selon ces théoriciens, qui sont appelés « réalistes fictionnels », Jerry Seinfeld, le personnage fictif, a cependant le même statut onto-logique que *Seinfeld*, la série télévisée. Il existe sur le même plan que les genres, les chapitres et les titres de livre. Ceci entre naturellement en conflit avec notre supposition légitime selon laquelle Jerry Seinfeld est un être humain et pas un objet abstrait. Bien sûr, le fait

serait presque invisible, si cela se peut. Les œuvres les plus belles sont celles où il y a le moins de matière ; plus l'expression se rapproche de la pensée, plus le mot colle dessus et disparaît, plus c'est beau. Je crois que l'avenir de l'Art est dans ces voies. » (G. Flaubert, « À Louise Colet, Croisset, 16 janvier 1852 », dans G. Flaubert, *Correspondance*, tome 2 : *Juillet 1851 – Décembre 1858*, J. Bruneau (dir.), Paris, Gallimard, 1980, p. 31. La version postmoderne de ce texte serait l'application d'un formalisme à la subjectivité un peu comme chez Paul de Man, *Blindness and Insight. Essays in the Rhetoric of Contemporary Criticism*, Minneapolis, University of Minnesota Press, 1983, p. 18 : « Le moi a fait ici l'expérience du vide en lui-même, et la fiction qu'on invente, loin de combler ce vide, se présente en tant que pur néant, notre néant affirmé et réaffirmé par un sujet qui est l'agent de sa propre instabilité » (« Here the human self has experienced the void within itself and the invented fiction, far from filling the void, asserts itself as pure nothingness, our nothingness stated and restated by a subject that is the agent of its own instability »), traduit par R. Le Doaré.

que *Seinfeld* soit un projet cinématographique au sens large du terme ébranle l'applicabilité de ces distinctions tirées de la théorie philosophique à propos de la fiction littéraire, dans la mesure où Jerry Seinfeld est, en un certain sens, clairement un objet concret tout comme l'est un personnage de théâtre [1]. Un réaliste fictionnel typique aura alors certainement recours à la stratégie réductrice qui consiste à identifier le personnage fictif de Jerry Seinfeld à un phénomène physique tel que le mouvement apparent qui se crée entre un enregistrement, un écran et un spectateur de manière à avoir par procuration l'impression que Jerry Seinfeld, l'ami de George Costanza, existe littéralement.

Si l'on mord à l'hameçon des prémisses douteuses de ce débat, il devient très difficile de comprendre ce que signifie pour *Seinfeld* le fait de nous proposer une représentation métonymique d'elle-même qui n'est jamais réalisée ! À la différence de *The Murder of Gonzago* dans le *Hamlet* de Shakespeare, la série à propos de rien que Jerry et George proposent à NBC n'est même pas un « objet fictionnel de fiction » (*fictional fictional object*), au sens de Saul Kripke [2]. Son ontologie ne correspond pas à l'ensemble prétendument exhaustif de distinctions calquées sur le répertoire parménidien de l'être ou du non-être. Comme pour la plupart des plus

---

1. À mon avis, le réalisme fictionnel d'Amie Thomasson échoue sur ce point parce qu'elle conçoit les objets fictionnels comme des objets abstraits. De toute façon, un comédien ne pourrait pas instancier ce que Macbeth fait concrètement. Par ailleurs, les objets fictionnels de films sont concrets dans tous les cas, y compris si on les réduit à un jeu de lumières sur grand écran. *Cf.* A. Thomasson, *Fiction et Métaphysique*, London, College Publications, 2011.

2. Saul A. Kripke, *Reference and Existence. The John Locke Lectures*, Oxford, Oxford University Press, 2013, p. 59-61, p. 73, p. 81.

grandes œuvres d'art, *Seinfeld* met à mal la tentative des métaphysiciens d'enfermer son ontologie entre les termes simples de la réalité contre l'apparence.

Qui plus est, le sens par lequel *Seinfeld* est une série à propos de rien n'a précisément pas de signification ontologique. Car la sorte de néant qu'entrevoit George réside dans l'ordinaire ; la vie quotidienne est dépeinte par la série sous un angle particulier. George veut créer une série qui présente simplement le quotidien de ses amis sans suggérer aucun sens plus profond. Il est tentant, ici, d'établir une connexion avec une remarque de Wittgenstein :

> Il ne saurait y avoir rien de plus merveilleux que de voir un homme dans l'une quelconque de ses activités quotidiennes les plus simples, lorsqu'il croit ne pas être observé. Imaginons un théâtre : le rideau se lèverait et nous verrions un homme seul dans sa chambre, allant et venant, allumant une cigarette, s'asseyant, etc., de telle sorte que nous verrions soudainement un homme du dehors, comme nous ne pouvons jamais nous voir nous-mêmes[1].

La différence majeure, cependant, entre *Seinfeld* et une stricte esthétique wittgensteinienne de la vie quotidienne, réside dans la composition réelle de la série. La série prétend traiter de l'ordinaire, qui, toutefois, est toujours manqué tant au niveau de la description de l'intrigue qu'au niveau de la composition ontologique des différentes couches de *Seinfeld*, comme nous le verrons plus en détail dans la seconde partie de ce texte.

---

1. L. Wittgenstein, *Remarques mêlées*, trad. fr. G. Granel, Paris, GF-Flammarion, 2002, p. 55.

L'idée ironiquement géniale de George est que la pure description du quotidien peut révéler quelque chose de profond à propos de la manière dont nous agissons, précisément parce qu'elle décrirait la façon dont nous agissons et n'en donnerait pas une interprétation. Le concept de la « série à propos de rien », que George lui-même ne comprend pas vraiment tandis qu'il en parle, est évidemment plus profond que la notion d'un réalisme non-atténué de la vie sociale. Car *Seinfeld* laisse trop explicitement de côté un bon nombre de choses, qui ne sont pas montrées mais suggérées – comme d'authentiques scènes de sexe, ou tout ce qu'il se passe dans la salle de bain de Jerry, qui constitue souvent le sujet des conversations sans jamais être montré explicitement au spectateur. Le réalisme esthétique de *Seinfeld* est ailleurs : il se trouve dans sa composition, et non dans son intrigue, dans la présentation des événements ou actes humains.

L'un des principaux sens de l'expression « série à propos de rien » qu'on applique à *Seinfeld* réside dans le fait que la série décrit ce que j'appellerai *la forme d'expérience* de ses personnages. Les personnages font l'expérience de leur vie sans qu'aucune forme de transcendance ne soit impliquée. Ou plutôt, ils sont en permanence préoccupés des traces métaphysiques dans l'organisation de la vie sociale qu'ils sont impatients de déconstruire. Cela reflète la présence des thèmes associés à la déconstruction dans le New York des années 90, que l'on peut notamment observer dans l'œuvre de Woody Allen qui a utilisé le thème de la déconstruction dans l'un de ses titres, *Harry dans tous ses états*. Tandis que *Seinfeld* ou les personnages de Woody Allen œuvrent à leur déconstruction, ils se retrouvent constamment entraînés dans de minuscules épisodes quasi-tragiques, jusqu'au dernier épisode de *Seinfeld*, point culminant où tous sont arrêtés et jugés asociaux et amoraux.

La série ne porte sur rien qui transcende la vie des participants. Ils n'aspirent à aucun sens supplémentaire. L'idée d'un sens de la vie, même dans sa forme moderne réduite qui aspire à l'accomplissement de l'érotisme, du travail, de l'amour ou de la famille, est complètement absente de la psychologie morale des protagonistes. C'est au-delà de leurs forces de croire qu'il y aurait quoi que ce soit d'essentiel ou de constitutif aux relations sociales humaines – des normes objectives qu'il serait possible d'enfreindre réellement. Toute violation est pour eux une simple surprise, dans la mesure où ils adoptent la posture d'une forme très radicale de constructivisme du social en lui-même. Pour eux, tout ce qu'il y a porte l'étiquette de la contingence et se retrouve déguisé de leur point de vue ironique.

C'est justement ce qui justifie les défauts presque tragiques de chacun de nos personnages, dans la mesure où ils se rattachent à l'expérience d'un manque radical de substance et de transcendance d'une manière complètement pathologique à laquelle ils ne peuvent échapper. Tout se passe comme s'ils recherchaient incessamment un être qui aille au-delà de leur néant sartrien qu'ils affrontent lorsqu'ils doivent se rattacher au social à travers la lorgnette de sa contingence infondée. Ils ne comprennent simplement pas en quoi leur attitude pourrait offenser qui que ce soit, étant donné que le concept d'offense ne survient qu'avec de denses descriptions éthiques, au-delà de la portée cognitive et morale de leur position amorale et désengagée. Il s'agit donc d'une série qui traite aussi du néant, et pas seulement d'une série qui n'a rien à proposer au-delà d'elle-même.

Je mentionnerai, au passage, que l'intégration auto-référentielle de la série en elle-même, sa synecdoque, peut aussi être comprise dans « Série noire » comme un commentaire ontologique instructif concernant le statut des objets de présentations fictionnelles. En un sens, rien ne peut être vraiment dit à propos de Jerry, Elaine, George, et Kramer, sinon ce qui nous est montré explicitement à nous, les spectateurs de la série. Il ne semble tout simplement pas y avoir d'autres sources d'informations disponibles afin de se figurer ce qu'ils font pour ainsi dire entre les épisodes. On ne devrait toutefois pas se laisser tromper par ce thème majeur de l'ontologie des objets fictionnels, dans la mesure où nous garantissons évidemment l'ajout d'informations interprétatives fondées sur notre bagage de spectateurs informés, afin d'enrichir la série. Néanmoins, il n'y a pas qu'une seule façon d'enrichir la série malgré le fait qu'il n'y a qu'une palette limitée d'interprétations légitimes. Dans « La vérité dans la fiction », David Lewis remarque quelque chose de semblable lorsqu'il observe que la vérité dans la fiction est fondée sur une authentique infinité de mondes possibles dépeints par un travail artistique relativement à une interprétation [1]. Les interprétations reposent à tour de rôle sur des suppositions issues du bagage de celui qui interprète, aidant à stabiliser le « monde regardé » en une sorte d'unité perceptible. Cette absence d'un domaine unique d'objets correspondant à de vraies propositions

---

1. D. Lewis, « La vérité dans la fiction », trad. fr. Y. Schmitt, *Klēsis* 24 (2012), p. 36-55. Andreas Kablitz montre par ailleurs que nous ne pouvons concevoir aucun objet fictionnel dans le cadre d'une interprétation sans importer en arrière-plan des présuppositions non-fictionnelles. Voir aussi A. Kablitz, *Kunst des Möglichen. Theorie der Literatur*, Freiburg i. Br.-Berlin-Wien, Rombach, 2013.

comme « Jerry aime Superman », « Newman est un facteur » etc., est elle aussi impliquée par l'expression de « série à propos de rien ». La série elle-même, c'est-à-dire ce qui nous est montré comme une succession de scènes montées ensembles, ne se réfère pas uniquement qu'à des objets qui se rattachent les uns aux autres par des vérités inférentielles et pouvant être articulées entre elles.

Cet aspect herméneutique constitutif de notre relation aux présentations fictionnelles, à leurs contenus et leurs objets, apporte un autre élément de synecdoque, en tant que la forme réelle par laquelle nous enrichissons la série et la complétons est une forme de liberté. Il n'y a littéralement rien, aucune information à propos des affirmations d'arrière-plan qui émanent de la série elle-même, que nous sommes en droit d'apporter. Nos capacités interprétatives elles-mêmes n'apparaissent pas. Cela signifie que nous sommes dans une situation herméneutique similaire à celle des personnages de *Seinfeld* par rapport au sens des événements et des actions montrées, qui doivent également composer le sens de ce qu'ils font et de ce qu'il se produit lorsqu'ils sont sur le point de le faire. Cet aspect performatif du néant ne doit pas être ignoré.

« LE BLOUSON »

À présent, il est temps d'apporter de l'eau au moulin de ma large esquisse des différents sens dans lesquels *Seinfeld* est « une série à propos de rien ». L'épisode 3 de la saison 2, « Le blouson », commence par une remarque de Jerry à propos des vêtements et de la mode. La toute première phrase de l'épisode est : « je déteste les vêtements ». La raison pour laquelle Jerry fait preuve d'une telle haine est qu'il n'aime pas du tout choisir entre différentes tenues. « Je pense qu'un jour ou l'autre la mode n'existera plus. Plus du tout ». La raison de cette affirmation évidemment démesurée est tout aussi intéressante. Jerry met l'accent sur le fait que les descriptions utopiques du futur présentent généralement les personnes en uniformes, c'est-à-dire portant les mêmes vêtements sans les avoir vraiment choisis.

Par ailleurs, il est remarquable que l'uniforme soit ici lié à l'utopie. Bien sûr, après 1989, nous, les habitants capitalistes de la Guerre Froide – je viens de Bonn, la capitale de l'ancien pays d'Allemagne de l'Ouest, peu de temps après ce qu'on a appelé « la révolution pacifique » –, nous avons été habitués depuis des décennies à l'idée de changer régulièrement de mode. Jusqu'à aujourd'hui, il y a un contraste marqué entre la vitesse de changement dans la mode par chez nous – après tout, Paris représente la ville moderne et postmoderne de la mode par excellence – et l'idée de l'uniforme comme, disons, en Chine ou en Corée du Nord.

Par conséquent, Jerry a tout à fait raison lorsqu'il met en valeur un étroit lien socio-politique entre les vêtements, la mode, et la liberté. Il y a également l'obscur arrière-plan de la mode sous la forme des conditions matérielles de production, pas seulement dans les usines asiatiques, mais aussi dans la mode de luxe française et italienne produite à Naples, soit dit en passant.

Après le début comique de l'épisode commence une intrigue qui s'articule autour de deux axes. Le nœud principal de l'épisode est un blouson en daim très onéreux acheté par Jerry dans un magasin nommé « Beau Brummel ». Nous voyons l'intérieur du magasin dans le premier plan de l'épisode juste après une courte séquence de stand-up. Beaucoup d'informations sont condensées dans ce plan. George Bryan « Beau » Brummell était une personnalité anglaise qui a inventé en grande partie le dandysme. La légende raconte qu'il travaillait à sa tenue cinq heures par jours. Brummell est mort en France où il a eu un impact culturel important, notamment sur Balzac qui a publié des aphorismes fictifs attribués à Brummell en 1830.

Le plan suivant nous introduit dans le magasin lui-même. Assurément, la scène n'est pas tournée dans un authentique magasin « Beau Brummel » mais dans un studio. Jerry dit qu'il en a vu assez, et cela encourage les employés à aller dans l'arrière-boutique pour trouver quelque chose que Jerry pourrait potentiellement acheter. D'un point de vue méta-fictif, il y a du sens à dire que le magasin n'a pas d'arrière-boutique. Tout ce qu'il y a, c'est le studio. Jerry, ainsi qu'Elaine qui le rejoint à l'occasion de sa sortie shopping, lancent immédiatement une conversation à propos de l'intérieur et de l'arrière-boutique et bricolent une petite théorie de cette relation. Par exemple, Elaine affirme qu'il n'y a jamais rien de bien dans l'arrière-boutique. Si c'était le cas, ce qui s'y trouve figurerait en exposition. Jerry propose alors d'ouvrir un magasin qui s'appellera « l'arrière-boutique », où tout ce qui est en arrière-boutique serait mis en exposition.

Il ne s'agit pas seulement d'une suite de remarques comiques, mais d'un commentaire réel sur la constitution du monde social et du monde semblable des séries. *Seinfeld* maintient l'affirmation selon laquelle, en dernière instance, rien n'est caché, en aucun sens méta-physique que ce soit. « Tout à l'intérieur, rien dans l'arrière-boutique. Tu marches dans la boutique, tu es tout de suite dans l'arrière-boutique ». Nous avons un aperçu de la manière dont le social est constitué, quelles sont les couches de sa prétendue constitution.

Cela se reflète dans la structure *pars pro toto* du blouson que Jerry acquiert à « Beau Brummel ». Le blouson que Jerry trouve dans le magasin a un défaut majeur. Il comporte des rayures roses et blanches (« *candy stripes* ») à l'intérieur. Il est rayé rose et blanc à l'intérieur et élégant à l'extérieur, ce qui décrit plutôt bien, par ailleurs, le personnage de Jerry et sa psyché puérile. Jerry achète le blouson en ayant l'intention de faire changer l'intérieur par la suite, étant donné que le blouson lui va à merveille. « C'est peut-être le blouson le plus parfait que je n'ai jamais enfilé ».

Jerry achète le blouson et nous le voyons au plan suivant dans son appartement, portant un pantalon de survêtement avec son blouson. Il profite clairement d'un moment puéril de pur ravissement tandis qu'il regarde la télévision en mangeant des céréales. On parvient à entrevoir l'emballage des céréales sur lequel il est écrit « goût extraordinaire ». Jerry est ainsi en pure extase. Son narcissisme puéril épouse la forme du blouson.

Kramer arrive et fait immédiatement un commentaire sur le blouson. Jerry veut savoir : « cela me correspond ? » à quoi Kramer répond : « cela te correspond plus que jamais ». Le blouson est un transfert métonymique, une représentation du personnage de Jerry ; ce fait est explicité par Kramer qui endosse généralement le rôle de rendre explicite ce qui devait rester implicite et caché. Cela fait partie de l'aspect comique de son personnage – encore une structure puérile –, dans la mesure où les enfants expriment souvent de manière franche dans des contextes embarrassants ce qu'ils ont pensé ou entendu autre part.

La référence à la France et à la grande culture européenne se poursuit dans la section suivante de l'intrigue, lorsque George pénètre dans la pièce. Il a dans la tête une chanson des *Misérables*. Ayant vu la comédie musicale une semaine plus tôt, la chanson « sort toute seule de sa bouche » et il n'a « aucun contrôle dessus ». En réalité, il chante des extraits de la chanson « Maître Thénardier », chantée par le personnage de Thénardier dans la comédie musicale :

> Maître Thénardier pige en un clin d'œil le genre du client et l'poids du portefeuille. Je les déboutonne d'une histoire cochonne : plus ils se bidonnent et plus ils biberonnent. J'me rancarde sur leurs problèmes, c'est que dalle de faire semblant. Mais on n'a rien pour peau de balle, et j'leur facture un supplément[1].

À présent, cela peut faire sens de rappeler rapidement que Roman Jakobson, dans son célèbre article « Deux aspects du langage et deux types d'aphasie », associe le pôle métonymique du langage à la montée du réalisme comme genre littéraire au XIXe siècle[2]. L'usage excessif de la métonymie dans l'épisode « Le blouson » couplé au thème d'arrière-plan des *Misérables* constitue un commentaire complexe sur la double nature de *Seinfeld* comme comédie amoureuse et analyse éthique et politique du capitalisme farouche en même temps.

Jerry évoque Robert Schumann qui, selon lui, est devenu fou d'avoir répété encore et encore la même

1. A. Boublil, Cl.-M. Schönberg, « Maître Thénardier », dans *Les Misérables*, Paris, Théâtre Mogador, 1991.

2. R. Jakobson, « Deux aspects du langage et deux types d'aphasie », dans *Essai de linguistique générale*, tome I : *Les fondations du langage*, trad. fr. N. Ruwet, Paris, Minuit, 2003.

note dans son esprit. George ne connaît même pas Schumann. *Seinfeld* résiste au romantisme et le remplace par une forme comique de réalisme, une présentation de la vie sociale à partir de l'idée selon laquelle rien ne nous échappe. Cependant, cela ne signifie justement pas que la série est seulement une description brute de faits et d'objets. Au contraire, comme toute œuvre d'art, elle obéit à un principe de composition. Cet aspect est indirectement évoqué dans « Le blouson » par le biais des références aux *Misérables* et à Schumann. La composition de la série est plus proche de la comédie musicale que de Schumann, elle repose sur des principes issus de la grande culture européenne moderne, mais les transpose dans une configuration entièrement différente, en l'occurrence le New York du début des années 90. Schumann et le roman de Victor Hugo sont des contributions originales à la grande culture européenne moderne, tandis que la comédie musicale est déjà une transposition dans un autre ton intellectuel.

Un autre élément de l'épisode justifie la lecture que je propose. Il s'agit d'une scène décisive, lorsque Jerry et George rencontrent le père d'Elaine pour dîner. Le père d'Elaine est Alton Benes. Alton Benes est un écrivain et un vétéran de la Guerre du Vietnam. Jerry a peur de le rencontrer, parce qu'il respecte profondément ses capacités intellectuelles en tant qu'écrivain.

C'est d'ailleurs Alton Benes qui met au jour, finalement, l'intériorité de Jerry, comme Jerry lui-même et George l'espéraient. « Il va nous regarder comme s'il était dans les coulisses d'un spectacle de marionnettes », résume George, qui souligne ce qui le rend nerveux à propos du dîner en face du grand Alton Benes. Une fois de plus, nous avons ici une référence méta-fictionnelle indirecte à la situation réelle des personnages fictifs qui sont en un sens des marionnettes dans un spectacle de marionnettes, destinées à répéter éternellement la même chose quel que soit le moment où l'épisode est diffusé. Cela ne s'arrête pas, tout comme la note que Schumann a dans la tête et à laquelle Jerry se réfère pour toucher la corde sensible des peurs névrotiques de George.

Une fois de plus, Jerry montre son nouveau blouson à George. L'échange est remarquable :

> George : Énorme ! C'était quand ?
> Jerry : ce mercredi.

On peut entendre ici « mercredi (*Wednesday*) » en deux sens. D'un côté, dans l'entente habituelle, cela se réfère à un jour particulier de la semaine. Cependant, il y a également un jeu de mots. « Quand » cela s'est-il passé : « *when's-Day* ». Le jeu de mots est facilité par la couche méta-fictionnelle de la signification de *Seinfeld*. À ce niveau d'analyse, il n'y a ni jours ni semaines. N'importe quel jour est le jour où cela s'est produit. Par conséquent, cela aurait aussi pu se passer durant « *when's day* ». Il n'y a pas de jour déterminé durant lequel Jerry a acheté son blouson, tout comme il n'y a rien dans la série qui contribue à déterminer un jour unique pour cet événement. Le sens de l'événement est indépendant du jour que nous lui assignons.

Le plan suivant nous met en compagnie de Jerry et de George dans le hall d'entrée de l'hôtel Westbury à New York. Alors que Jerry et George pénètrent dans le hall, ils reconnaissent Alton Benes. Une fois encore, l'ironie méta-fictionnelle est en jeu, dans la mesure où la question soulevée par Jerry – « est-ce bien lui ? » – tout comme la réponse de George – « je pense que c'est lui » – possèdent un double sens. Dans la littérature philosophique récente à propos de la fiction, il est courant que les critères d'identification des prétendus objets fictionnels soient en quelque sorte instables. Cependant, l'une des manières de résoudre cette instabilité est de laisser place à un critère d'identité *stipulée*. On peut tout simplement transformer quelqu'un en un personnage particulier, ré-identifiable au cours des différents contextes fictionnels dans lesquelles il apparaît, en pensant à juste titre que quelqu'un est ce personnage. Cela se produit notamment dans la scène qui présente Alton Benes aux spectateurs. Jerry et George, en un sens, font en sorte que cet acteur devienne Alton Benes, joue le rôle d'Alton Benes, de telle façon qu'à partir de ce moment cette personne est Alton Benes. Dans ce contexte, c'est particulièrement marquant, car Benes est lui-même un auteur de fiction, c'est-à-dire quelqu'un capable de faire que quelque chose soit effectivement le cas en imaginant initialement la chose être ainsi. Alors que Jerry et George se présentent à Alton Benes, ils réitèrent la référence identifiante, par rapport à eux-mêmes dans ce cas précis.

Alton Benes rend impossible à Jerry et à George tout ce qui ressemblerait à une conversation normale pour Jerry et George. Il représente leur cauchemar conversationnel dans la mesure où il ne réagit pas à leurs observations inhabituelles à propos de l'organisation de la vie sociale. Au cours de la conversation, Benes évoque la guerre et la mort, le seul sujet à propos duquel Jerry n'est pas en mesure de plaisanter comme à son habitude. La guerre et la mort sont des sujets trop sérieux pour Jerry et George, leurs personnages sont en partie constitués par un constant déni puéril des différents faits moraux qui sous-tendent la réalité sociale. Ce qu'ils ne comprennent pas dans leur acharnement sur la contingence de l'organisation de la vie sociale, c'est que beaucoup de règles et de normes en vigueur le sont en tant que réaction à des scénarios extrêmes issus de l'organisation humaine. Nos principales notions morales, notre éthique, ne viennent pas de nulle part. Elles sont enracinées dans l'expérience.

Stanley Cavell, dans *Les voix de la raison* montre à juste titre que la contingence du langage, le fait qu'il y ait d'innombrables manières de parler de quelque chose, de traduire quelque chose en mots, est un « léger filet jeté sur un abîme »[1]. Dans la même optique, Schelling affirme que l'une des questions fondamentales de la philosophie est la suivante : « le monde entier repose, pour ainsi dire, dans les filets de l'entendement ou de la raison, mais la question est justement : comment est-il venu dans ce filet ? »[2]. Jerry et George n'ont aucun rapport généalogique à quelque norme que ce soit, tandis qu'Alton Benes incarne un personnage au croisement de la réalité brutale de la guerre d'une part et de l'activité distanciée qui consiste à écrire de la fiction d'autre part. C'est ce qui les rend nerveux : ils ne peuvent pas saisir la disposition d'esprit qui résulte d'une authentique rencontre avec quelque chose de tellement significatif qu'il n'y a pas d'autre possibilité que d'accepter une position éthique. « Ça n'a rien de drôle », dit Benes à Jerry, parlant de quelqu'un dont on explose le crâne.

---

1. S. Cavell, *Les voix de la raison. Wittgenstein, le scepticisme, la moralité et la tragédie*, trad. fr. S. Laugier, N. Balso, Paris, Seuil, 1996, p. 272.

2. F. J. W. Schelling, *Contribution à l'histoire de la philosophie moderne*, trad. fr. J.-Fr. Marquet, Paris, P.U.F., 1983, p. 162.

Jerry et George se réfugient dans les toilettes, l'occasion d'observer une autre scène de régression au stade infantile, le tout suivi d'un intermède qui prend la forme d'un court stand-up de Jerry sur le thème « tous les pères sont intimidants ». Ensuite, Elaine arrive et rapporte un événement impliquant Kramer et quelques colombes qu'il a achetées pour un spectacle de magie. Il lui avait promis de la ramener à l'hôtel mais il l'a empêchée d'arriver à temps. Jerry émet soudain une profonde remarque sur la promesse de raccompagner quelqu'un quelque part : « comme l'attrait du chant des sirènes. Ce n'est jamais ce qu'on pensait être. Pourtant, lequel d'entre nous pourrait y résister ? » La série à propos de rien est comme l'attrait du chant des sirènes. Elle n'est précisément pas ce qu'elle semble être : un feuilleton postmoderne à propos d'un groupe d'amis. Il y a, pour ainsi dire, un gouffre métaphysique qui sépare *Seinfeld* de *Friends* – en dépit de nombreuses ressemblances stylistiques. *Seinfeld* s'ancre dans une composition subtile de thèmes, entre l'ironie romantique et la description réaliste d'une ontologie sociale. Comme toute œuvre d'art, il s'agit vraiment d'une hybridation des genres dans le cas de « Le blouson » : le roman, la comédie musicale, la magie, les symphonies de Schumann, l'épopée, le feuilleton, le stand-up, etc. Le principe de l'unité de ces différentes couches est la composition de thèmes.

Lorsqu'Alton Benes revient des toilettes, il déclare qu'ils devraient tous aller manger dans un restaurant pakistanais. Au moment où ils sortent du hall de l'hôtel, il se met à neiger dehors. Jerry retourne sa veste à l'envers afin de protéger le daim de la neige. Cependant, Alton le contraint à cacher l'intérieur de son blouson qu'il juge ridicule, et la neige ruine alors complètement le blouson. Cela met fin à la courte carrière de dandy de Jerry, qui remplace le blouson en daim par un blouson de baseball, une représentation de son appartenance culturelle à l'aspect non-européen de l'identité symbolique américaine.

L'épisode se termine par un autre stand-up au sujet de la production de textiles, en l'occurrence, le daim. Jerry met en avant les cruelles conditions de production des vêtements coûteux et évoque ainsi le gouffre sur lequel, d'une façon différente, la société repose. Nous portons des peaux d'animaux, même si nous considérons cette pratique comme une mise au jour du non-naturel, notre culture. Notre relation aux autres membres du règne animal se fait par l'intermédiaire idéologique de notre relation à nous-mêmes en tant que créatures pensantes.

CONCLUSION : LIBERTÉ ET NÉANT

Je conclurai par une brève esquisse, d'une brièveté à la limite de l'irresponsabilité, d'une théorie que j'ai élaborée dans un essai à paraître sur une ontologie réaliste de l'art. Les œuvres d'art sont des objets qui consistent essentiellement en une composition ouverte de couches. Chaque couche a la forme de ce que j'appelle un champ de sens, c'est-à-dire un ensemble d'objets gouvernés par des forces réelles auxquelles on a besoin de recourir afin de pouvoir conférer un sens aux objets qui apparaissent dans le champ. Par exemple, toute œuvre cinématographique consistera en au moins deux couches que je nomme « la bande » et « le film ». La bande est ce genre de choses produites et organisées par un montage. Elle se compose de plans, de coupes, et de différents objets qu'on décrit dans un langage technique. Le film est ce genre de choses qui peuvent avoir une intrigue ou peuvent résister explicitement aux caractéristiques standards des blockbusters d'Hollywood. L'unité de la bande et l'unité du film sont liées l'une à l'autre, mais l'une ne peut pas se réduire à l'autre. La relation entre les deux est ce que j'appelle une composition de champs.

Ce qui est caractéristique des œuvres d'art en général est qu'elles impliquent essentiellement une couche d'interprétations. Aucune œuvre d'art ne peut être considérée indépendamment des interprétations acceptables qu'on peut en tirer. L'interprétation d'une œuvre d'art n'est pas une sorte de contemplation. Elle appartient à l'œuvre d'art tout comme n'importe quelle autre couche essentielle. Cette idée est plus explicitement présente dans le concept d'interprétation en musique ou en théâtre. L'*Eroica* de Beethoven ou le *Lucrèce Borgia* de Hugo n'existent pas indépendamment d'une interprétation. Ils doivent être interprétés, ce qui implique la présence de spectateurs mais ne conduit pas à réduire l'interprétation à un ou une succession d'événements psychologiques. Les interprétations n'ont pas nécessairement besoin d'être psychologiques, mais elles le sont parfois. Elles sont essentiellement psychologiques dans le cas où une œuvre d'art figurative, par exemple, amène une illusion perceptuelle ou bien dans un cas célèbre comme le *4'33"* de John Cage. Le morceau de Cage ne se compose pas de silence, il se compose de sons que chaque interprète entend depuis sa position acoustique, pour ainsi dire, depuis l'endroit où il entend (point de l'ouïe). Les sons que j'entends diffèrent des sons que vous entendez lorsque nous assistons tous deux à une performance de *4'33"*.

Seinfeld opère avec un principe de composition que j'appelle « la référence croisée méta-fictionnelle ». Ce principe est largement répandu chez Hitchcock. Il est fondamental dans *Les oiseaux*. Peut-être que les oiseaux de Kramer dans « Le blouson » sont même un indice intertextuel de cette ressemblance familiale structurelle. Le principe consiste en une ambiguïté systématique de l'usage des mots, là où certains énoncés d'un personnage fictif caractérisent non seulement les événements de son point de vue au sein du soi-disant monde de la fiction, mais aussi l'événement fictif lui-même. Une autre illustration de ce principe, très claire mais jusqu'ici laissée de côté, est la saga *Star Wars*. *Star Wars* n'est pas seulement un film au sujet d'une guerre intergalactique : c'est aussi une lutte entre des acteurs qui tentent de devenir des stars. Que sont les sabres lasers et les pistolets lasers sinon une référence à l'ontologie du travail artistique cinématographique impliquant essentiellement une couche de lumière pure ? La force constitue clairement l'unité de la composition de *Star Wars*, son Dieu est George Lucas, qui ne peut pas apparaître dans le monde du film, mais qui est indirectement impliqué par le mystère de la force et ainsi de suite.

L'art ne peut pas être sans le supplément nécessaire de l'interprétation. C'est pourquoi le créationnisme naïf est faux, c'est-à-dire le point de vue selon lequel les auteurs ou les réalisateurs créent des personnages fictifs. Pour l'auteur d'une œuvre d'art, cela n'a pas d'intérêt de créer quoi que ce soit si cela n'implique aucun interprète qui ajoute des conditions de vérité supplémentaires pour penser cette œuvre. Il y a de la vérité dans l'art, mais la vérité dans l'art survient uniquement dans le royaume des interprétations.

L'ontologie sociale de *Seinfeld* décrit notre être social comme si nous étions constamment en train d'interpréter ce que les autres font. Cependant, en réalité, ce que font les autres diffère précisément de ce que font les personnages fictifs, en ce que notre entendement admet des limites éthiques et normatives strictes. La manière dont nous nous rapportons à ceux qui ne sont pas des personnages fictifs a pour intermédiaire notre position éthique. Ce raisonnement ne tient pas dans *Seinfeld*. C'est pour cette raison que les protagonistes ont toute légitimité pour mettre l'éthique de côté, dans la mesure où elle n'exerce aucune prise sur leur réalité fictive. Cependant, cette considération n'a de valeur que sur le plan du principe de la référence croisée méta-fictionnelle.

L'une des nombreuses leçons que l'on peut tirer de *Seinfeld* est que l'ontologie sociale de notre vie quotidienne diffère constitutivement de la contingence radicale présentée dans cette série. La construction de notre identité sociale n'est pas contingente en ce sens. Elle est contingente au sens où elle est gouvernée par des normes sociales objectives, des normes d'égalité, de liberté, et de solidarité qui sont comprises sous le titre sublime de « justice ». Dans le monde de la fiction, la justice s'effondre. En son sein, nous jouissons d'un moment dans lequel nous sommes libres des exigences éthiques, qui aident aussi à distinguer la justice authentique des spectres post-factuels. Pour atteindre cette position, il est crucial de bien comprendre l'ontologie sociale de *Seinfeld* ou de *Star Wars*. L'une des innombrables choses qui ne vont pas actuellement à Washington est la relation de la nouvelle administration à la fiction. C'est en effet « plutôt triste » que Stephan Bannon se soit comparé à Dark Vador. Pire encore, Stephan Bannon s'est fait beaucoup d'argent en investissant dans la production de *Seinfeld*. Ce que lui et son terrifiant président n'ont pas compris, c'est qu'il y a une différence essentielle entre l'ontologie sociale de l'œuvre d'art et la réalité socio-politique dans laquelle nous vivons. Mais pour comprendre correctement cette distinction, on doit reconnaître ce qui est impliqué par cette distinction.

Seinfeld est une série à propos de rien et indirectement une série à propos de la position éthique en ce qu'elle viole l'éthique sous la forme d'une composition subtile de couches. Ce n'est pas une incitation à devenir Jerry, mais plutôt un avertissement. Si j'avais pu davantage développer ce propos, j'aurais tenté d'expliquer le point de vue selon lequel *Larry et son nombril* poursuit cette thématique éthique. Vous pouvez l'affirmer à partir de l'éveil éthique graduel de Larry David tout au long de la série. Croyez-moi, je suis impatient et bien curieux de voir ce que la saison 9, qui sera bientôt diffusée, va nous apporter en ces temps où l'ordre ludique et symbolique de l'aspect libéral des États-Unis connaît une forte dépression.

CHAPITRE 6

LES COUCHES DE LA PERCEPTION [1]

Nous sommes faillibles. Nous savons aussi beaucoup de choses. Par exemple, nous savons que nous sommes faillibles et que nous savons beaucoup de choses, mais nous savons aussi que Paris est une ville plus grande et plus belle que Berlin, que des galaxies s'assemblent, que des étoiles meurent et que Manuel Valls ne sera pas le prochain président de la République. Une grande partie de ce que nous savons est fondée sur l'expérience perceptive. Je sais quel goût ont les madeleines parce que j'ai commencé à en manger lorsque j'étais adolescent, après avoir lu Proust. Je sais ce qui distingue Lucian Freud de Francis Bacon parce que j'ai étudié leurs travaux. Mais il est aussi évident que nous nous trompons

1. Intervention présentée en tant que professeur invité à Paris I Panthéon-Sorbonne le 24.03.2017 pour l'école doctorale et traduite de l'anglais par Romain Le Doaré. Ce texte est issu des discussions que j'ai eues lorsque j'étais professeur invité à UC Berkeley en 2013, et en particulier des échanges avec John Searle, Umrao Sethi, et les participants à mon séminaire à propos de la théorie de la connaissance. Ce texte est également issu de la proximité que j'entretiens avec les travaux de Jocelyn Benoist et de Charles Travis. La thèse d'habilitation de Jens Rometsch intitulée *Freiheit zur Wahrheit. Grundlagen der Erkenntnis am Beispiel von Descartes und Locke* a aussi considérablement influencé ce texte. La perspective esquissée ici est probablement en continuité avec mon ouvrage *An den Grenzen der Erkenntnistheorie*.

souvent, et que nous croyons ainsi connaître quelque chose que nous ne connaissons pas.

Manifestement, le courant dominant de l'épistémologie contemporaine et la philosophie de la perception ne comprennent rien du tout, ni l'une ni l'autre, à la notion de faillibilité ou se trompent à son sujet. Par le présent propos, je souhaiterais questionner certains aspects d'un point de vue qu'on peut nommer « la conception évidente de la faillibilité ». La conception évidente affirme que les personnes, les sujets qui ont accès à l'expérience et au savoir, sont faillibles. C'est pourquoi il est malavisé de chercher de la faillibilité et de l'objectivité dans des états mentaux factifs et privilégiés, comme j'entends l'affirmer. La faillibilité est bien plus mondaine. C'est une caractéristique des tokens d'événements de nos vies d'animaux capables de savoir beaucoup de choses à partir des illusions de leur perception.

Avant d'esquisser un problème général en philosophie de la perception et de proposer une stratégie possible pour le résoudre, j'aimerais que nous ayons en tête des distinctions conceptuelles fondamentales. Le terme de « perception » renvoie à beaucoup de choses diverses, non seulement par la place qu'il occupe dans les différentes traditions philosophiques, mais aussi dans différentes sciences bien particulières qui traitent de la perception, comme la neurobiologie, la science de la vision, la psychologie, et ainsi de suite. Le sens de la « perception » qui m'intéresse aujourd'hui est le sens par lequel la *perception* doit être distinguée du *simple enregistrement sensoriel*[1]. La simple mémoire

---

1. Pour une défense possible et récente de cette distinction, voir, bien sûr, T. Burge, *Origins of Objectivity*, Oxford, Clarendon Press, 2010. Voir également la critique de Jocelyn Benoist contre l'inquiétude

sensorielle, ou la sensation pour faire court, met un organisme et peut-être d'autres formes de systèmes sensori-moteurs (comme un robot mobile avec des photorécepteurs adéquats) en contact avec des objets de son environnement de manière à provoquer un certain comportement (comme éviter un obstacle ou scanner les alentours). Les sensations reposent sur des processus qui peuvent avoir lieu automatiquement et qui n'ont absolument pas besoin d'être des processus conscients.

Ce qui est intéressant au sujet de la perception, comme je la comprends, c'est la question de savoir comment un certain type d'expérience consciente nécessairement fondée sur des épisodes sensibles peut servir de justification au savoir. La perception est le lien entre des affirmations ayant trait au savoir en général et l'aspect particulier de la cognition humaine.

Dans ma courte présentation, j'exposerai tout d'abord un dilemme que j'appelle le « dilemme de la factivité ». On le trouve aussi bien dans une version générale au sein de la théorie de la connaissance qu'en tant qu'exemple plus concret en philosophie de la perception. J'esquisserai dans un second temps une solution à ce dilemme en comprenant le concept de perception comme structure-événement (*Ereignisgefüge*). Je veux dire par là que la perception n'est pas, en terme de constitution, seulement multi-modale au niveau sensoriel, mais qu'elle implique généralement l'interaction d'un champ d'activités indéterminées ; certaines de ces activités étant des fonctions motrices et sensorielles, d'autres étant des fonctions cognitives et des activités conceptuelles. Chaque token

injustifiée de McDowell, selon laquelle tracer une telle distinction nous amène inévitablement à une forme proche du soi-disant mythe du donné, dans *Le bruit du sensible*.

de perception sera différent de chaque autre token de perception sans qu'il y ait un motif général constitutif des cas réels de la perception. Cependant, comme dans le cas du savoir, il y a un concept formel, un type d'état mental qu'on peut définir à partir de notre capacité d'abstraction en tant que philosophes. Cette capacité ne doit pas nous mener à l'idée que la réalité de la perception consiste à poser un type de perception d'un côté, et différents tokens de perception de l'autre. Les perceptions ne sont toujours que des tokens, et le concept de perception n'est rien d'autre qu'un type.

Il n'y a pas de réalité perceptuelle qui dans sa réalité consiste en deux types de chose, une chose universelle (le type) et une chose singulière (le token). La réalité de la perception est l'assemblage des événements qui ne se répètent pas. Pour ainsi dire, dans la réalité de la perception en tant qu'événement réel, il n'y a que des nouveautés et jamais de répétitions. Ce qui soulève la question canonisée par le bergsonisme de la répétition, c'est en réalité la différence entre le type « perception » est ses instances. Il faut se garder de l'erreur très répandue dans la dispute entre les conceptualistes et les non-conceptualistes dans la philosophie de l'esprit contemporaine qui repose sur la confusion entre le concept de la « perception » et l'application des concepts dans un contexte où nous percevons.

LE DILEMME DE LA FACTIVITÉ

Les prétentions au savoir, dans leur globalité, peuvent être structurées d'une telle manière que l'on peut distiller, depuis les pratiques ayant trait à la prétention au savoir, un concept formel abstrait – le concept, précisément, de savoir. De mon point de vue, il me semble étonnamment simple de définir le « savoir ». Le savoir est une croyance vraie et justifiée en dehors du problème de Gettier, c'est-à-dire une croyance vraie et justifiée sauf dans les cas identifiés comme « cas-Gettier »[1]. Nous sommes familiers avec la fameuse pensée aristotélicienne et platonicienne qui sous-tend le concept de savoir ou d'épistémè. Si quelqu'un, disons « S », sait quelque chose, disons « que p », ce qu'il sait doit être le cas. On ne peut pas savoir que Angela Merkel est la présidente des États-Unis, parce que ce n'est tout simplement pas le cas. C'est là la condition de vérité qui motive le lien de factivité entre savoir et vérité. Si S sait que p, il doit être de l'avis « que p » si il est confronté à la question « est-ce que p ? ». C'est la composante doxique du concept formel de savoir. Et enfin, pour que S sache que p, il doit être capable de répondre aux défis légitimes corrélatifs aux prétentions au savoir, et issus de l'expression « que p ». Personne ne se contente de savoir simplement quelque chose. La raison pour laquelle nous savons quelque chose se rapporte généralement à une justification : il s'agit du logos chez Platon, et de la capacité à répondre à la question « pourquoi » chez Aristote.

Dans ce contexte, le concept de perception joue le rôle d'un concept intermédiaire entre le savoir en général et la sensation. Car tout savoir n'est pas perceptuel. Savoir que Donald Trump est un président dangereux,

---

1. Je remercie John Searle pour m'avoir indiqué à quel point il est facile de définir le savoir. Cela signifie que le débat qui suit l'article célèbre de Gettier ne doit pas être considéré comme une suite de tentatives pour définir le savoir ou mettre au jour des conditions nécessaires et suffisantes pour l'application du terme « savoir ». C'eût été une tâche simple. C'est plutôt que quelque chose d'autre se passe, qui est le résultat d'un dualisme mal conduit qui sépare le savoir des prétentions au savoir.

savoir que deux et deux font quatre ou que Faust tombe amoureux de Gretchen dans le *Faust* de Goethe ne sont pas des prétentions au savoir qui sont fondées sur la perception. On ne perçoit pas le fait que quelqu'un soit président, on ne perçoit pas les nombres et nous ne percevons pas Faust. Il y a une différence de catégorie entre le fait de percevoir deux pommes à côté de deux poires dans une corbeille à fruit et le fait de savoir que deux et deux font quatre. Par ailleurs, personne ne peut, de toute façon, percevoir Faust, car c'est un personnage de fiction, c'est-à-dire un objet dont l'existence est constitutivement dépendante du fait d'être imaginé et interprété d'une certaine manière et relativement à la catégorie des interprétations acceptables.

Maintenant, au point où nous en sommes, il y a, pour la théorie de la connaissance, un dilemme crucial qui se dessine dans la philosophie de la perception, comme vous allez pouvoir le constater. Le dilemme se traduit par un gouffre potentiel entre les prétentions au savoir et le savoir lui-même. Sans ce gouffre, nous ne serions pas faillibles, et sans faillibilité, cela n'aurait pas de sens de revendiquer le titre de savoir et de le défendre avec des justifications qui relèvent des pratiques les plus familières, de la monotonie du quotidien jusqu'à la science ou aux procès. Ceci donne naissance à deux options aussi mauvaises l'une que l'autre. D'un côté, on pourrait soutenir, comme tant de disjonctivistes dans la philosophie contemporaine, que le savoir n'est tout simplement pas faillible. Le savoir, c'est quand c'est le bon cas, c'est le nom de ce qu'il se passe quand une prétention au savoir est couronnée de succès. La question soulevée ici est de savoir en quel sens une prétention au savoir est faillible, étant entendu que le savoir ne peut pas l'être. En effet, si une affirmation qui prétend au savoir est couronnée de succès, il s'agit alors d'un savoir, qui relève donc de ce qui n'est pas faillible. Si cette affirmation n'est pas couronnée de succès, il s'agit alors simplement d'une erreur, qui à son tour ne peut pas être faillible. Mais cela voudrait dire que ni le savoir ni les prétentions au savoir ne sont faillibles ! D'un autre côté, on pourrait insister sur le fait que le savoir est faillible. Mais dans ce cas, nous avons besoin d'un nouveau concept pour le bon cas, puisqu'on se réfère à présent au savoir lui-même comme ce qui oscille entre le bon et le mauvais cas. D'un autre côté, on pourrait aussi réserver la faillibilité pour les prétentions au savoir, ce qui rendrait à nouveau mystérieuse l'idée qu'il puisse y avoir une prétention au savoir qui soit couronnée de succès, autrement dit un savoir. Appelons cela le dilemme de la factivité, et rappelons-nous que dans l'épistémologie contemporaine et la philosophie de l'esprit un état mental est appelé « factif » s'il implique logiquement la vérité de la proposition à laquelle il se rattache. Par conséquent, du fait que S sait que p on peut déduire « que p », c'est pourquoi il y a des savoirs par ouï-dire et par témoignage. Si vous me dites qui est le maire de Bordeaux (ce que je ne sais pas et que je n'ai pas vérifié), je peux être amené à savoir qui est le maire de Bordeaux.

La première interprétation du dilemme donne naissance à différentes formes de dogmatisme. La seconde peut facilement être considérée comme nous conduisant en fin de compte au scepticisme. La première interprétation se satisfait de simplement nous dire que nous savons beaucoup de choses, sans nous dire la façon dont nous sommes parvenus à une si glorieuse position, tandis que la seconde interprétation met en doute le fait que nous ne puissions jamais savoir quelque chose. Les prétentions au savoir et le savoir lui-même ne peuvent jamais être consciemment saisis ensemble, comme s'il était possible d'être légitimé dans notre croyance à quelque chose et d'être légitimé du fait que nous sommes bien légitimés à croire cela.

Appliquons maintenant cette situation à la philosophie de la perception. Dans un tel cadre, il s'agit de savoir jusqu'à quel point la perception elle-même est une forme de savoir, et plus précisément un savoir dont la justification dépend en partie d'informations sensorielles. Savoir que c'est l'*Eroica* de Beethoven que j'entends consiste à reconnaître sa mélodie, savoir que je suis assis sur une chaise ou que je me tiens en face de vous consiste à sentir la chaise ou le sol sous mes pieds et vous voir dans cette pièce. Savoir que je mange un morceau de camembert plutôt qu'un morceau de Gouda consiste à identifier le goût de ce morceau, et ainsi de suite.

Dans le cas de la perception, le dilemme de la factivité revêt la forme suivante. Il y a une vaste et trompeuse distinction philosophique entre la perception et l'hallucination. Elle a été récemment réaffirmée dans sa forme la moins sophistiquée par John Searle dans *Seeing Things As They Are : A Theory of Perception*. Ce qui nous donne la chose suivante : la perception est le bon cas dans lequel je suis directement en contact avec les objets de mes états perceptuels. L'hallucination est le mauvais cas, dans lequel je ne suis en contact avec rien. Pourtant, dans les deux cas, il y a un contenu, au sens d'une représentation de quelque chose. Tout se passe comme si la perception avait un objet qui lui correspondait, alors que l'hallucination n'en avait pas.

À partir de cette distinction entre le bon cas et le mauvais cas, on retiendra les deux interprétations principales par rapport au dilemme de la factivité : les disjonctivistes rejettent le fait qu'il y ait un important facteur commun entre le bon et le mauvais cas. Soit vous percevez quelque chose, soit vous hallucinez. Pourtant, cette position ne tient pas compte du fait que pour presque tout le monde, excepté les disjonctivistes, et notamment pour les pratiques scientifiques actuelles, on reconnaît clairement l'existence d'un facteur commun. À l'opposé, l'autre point de vue, qui incline au scepticisme et trouve lui aussi ses défenseurs parmi les philosophes comme parmi les scientifiques, affirme qu'il y a un facteur commun et que l'état mental dans lequel nous sommes quand nous percevons quelque chose en tant que tel ne nous donne jamais aucun indice concluant permettant de déterminer s'il s'agit d'une perception ou d'une hallucination.

Une nouvelle fois, les deux extrêmes ne sont pas en position d'accorder un sens à la faillibilité de la perception. Les disjonctivistes ne peuvent pas nous dire la façon dont il est possible de se tromper dans la perception, car la perception est pour eux le nom du bon cas dans lequel, par définition, aucune erreur n'est possible. Les sceptiques, quant à eux, n'ont pas l'espace théorique suffisant pour un concept de perception qui coïncide avec le bon cas, si bien que le scepticisme est vraiment le genre de point de vue avec lequel on se retrouve si l'on n'a pas l'espace théorique suffisant pour une notion qui permette de saisir quelque chose de vrai par la perception.

PERCEPTION ET ILLUSION

Heureusement, on trouve dans le paysage philosophique de la perception un concept intermédiaire important qui se situe entre la perception et l'hallucination, et qui va me servir d'introduction à la bonne théorie de la perception : le concept d'illusion perceptuelle[1]. Dans une illusion perceptuelle, un sujet se représente mal un objet. Il y a deux grandes familles d'illusion perceptuelle : la simple erreur de perception et l'illusion constitutive. Une erreur de perception survient lorsque j'identifie un objet de manière incorrecte et que j'attribue une mauvaise description à son contenu. Par exemple, à partir de mes sensations en général, je peux croire que Jean-Luc Marion se dirige vers moi, alors que c'est en fait Bruno Latour. Une fois que je me suis rendu compte de qui se dirige réellement vers moi, l'illusion cesse. Une illusion constitutive est l'illusion typique que l'on étudie en psychologie, comme l'illusion Müller-Lyer. Les illusions constitutives ne cessent pas. Elles représentent faussement leur objet de manière constitutive. Une fois que je le sais, je peux corriger mon jugement et savoir à partir d'une représentation fausse en sa constitution même ce qui est effectivement le cas. Ce cas possède une application très étendue. Par exemple, on se représente constitutivement mal la taille de beaucoup de corps, comme la lune. Quelqu'un pourrait décrire cette situation comme une de celles où il est possible de recouvrir quelque chose avec notre pouce, en l'occurrence la lune, même s'il s'agit là de quelque chose de bien trop gros pour que cela soit recouvert par notre pouce. C'est la scène première du péché originel qui consiste

1. J. Benoist, *L'adresse du réel*, *op. cit.*, chap. VII : « La réalité des apparences », p. 223-263.

à concevoir des objets mentaux ou intentionnels comme des intermédiaires entre les objets en eux-mêmes et leur représentation. Puisque qu'on ne peut littéralement pas recouvrir la lune avec notre pouce et puisqu'il y a des choses que l'on peut couvrir avec notre pouce là-haut dans le ciel, il doit y avoir deux objets là-haut, même s'ils sont très proches l'un de l'autre : l'un davantage mental et l'autre clairement non-mental.

L'important, c'est qu'une mauvaise représentation sensible constitutive peut facilement servir de fondement pour des croyances vraies et même pour le savoir. La plupart des sciences fonctionnent de cette façon. Toute découverte scientifique commence par une description de preuves qui n'ont pas à être remises en question. Par exemple, personne ne doute de l'existence du Grand collisionneur de hadrons ou du fonctionnement d'un microscope dans l'acte même de remettre en question une croyance existante. Si la science ne questionnait pas la croyance établie, ne l'interrogeait pas, nous n'aurions pas de savoir scientifique. Bien sûr, cela n'implique pas que la science remette en question toutes les croyances établies ou la croyance établie en tant que telle. C'est plutôt qu'il est trompeur de postuler deux images du monde, comme s'il y avait d'un côté *l'image manifeste* et de l'autre *l'image scientifique*. Si l'on avait quelque chose à en dire, c'est que l'image scientifique est une extension de l'image manifeste, en tant qu'elle introduit de nouveaux éléments dans l'image manifeste. Pour la même raison, la rupture entre la science et le monde de la vie (*Lebenswelt*) du second Husserl à laquelle il tenait tant, laissant de côté son élève Heidegger, est au mieux, en fin de compte, une mauvaise interprétation des situations où nous percevons.

Néanmoins, il y a une vérité fondamentale de la phénoménologie que nous devons respecter : le fait que notre point de départ sera toujours tel que nous ne sommes pas en position de suspendre complètement notre jugement, précisément parce que la seule raison de suspendre notre jugement est que nous sommes légitimés dans le fait de croire en la présence d'un facteur dénaturant. En effet, nous devrions être des idéalistes transcendantaux à propos des facteurs dénaturants, comme peut le montrer aisément le cas suivant : si je ne porte pas mes lunettes, tous les objets qui se situent à une certaine distance de moi m'apparaissent flous. Cela ne veut pas dire que les objets deviennent flous lorsque j'enlève mes lunettes de la même manière qu'ils diffèrent d'autres propriétés dites « internes » ou se situent autour de moi. Cependant, l'aspect perceptuel du fait d'être flou est une caractéristique de la réalité. Cela fait partie du réel qu'il y ait une relation objective entre moi et les objets que je perçois, qui sont tels qu'ils me semblent dénaturés comparés à la façon dont je les vois lorsque je porte mes lunettes. La résolution perceptive comme échelle relative à l'intérêt n'est pas une caractéristique de la réalité a-subjective, tandis que la masse de leptons dans l'échelle du champ de Higgs est complètement sans relation constitutive à l'intérêt. Bien sûr, notre accès mental à la masse des leptons se fait par l'intermédiaire de notre attention perceptive immédiate des choses ordinaires sur l'échelle perceptive. Mais cela ne veut pas dire qu'il est difficile d'accéder à la masse de leptons *sur le plan métaphysique*. L'une des raisons – à laquelle de nombreuses traditions philosophiques sont familières – pour affirmer que la perception est d'une manière ou d'une autre empreinte de contenu conceptuel ou serait

conceptuelle en elle-même de part en part, se résume
de la façon suivante : pour que quelque chose soit mal
représenté, il faut que quelque chose de conceptuel y soit
attaché. Car toute représentation de quelque chose en
tant que quelque chose est conceptuelle. C'est pourquoi
la perception doit être conceptuelle jusqu'au point où
elle est capable de représenter et en conséquence de
mal représenter quelque chose. Cependant, il y a ici
une ambiguïté fondamentale. D'un côté, lorsqu'on
qualifie quelque chose de « conceptuel », on pourrait
penser à des concepts comme des entités qui sont
essentiellement exprimables dans un langage public.
De cette interprétation il est tentant de dire que d'autres
animaux ou des thermostats ne sont jamais capables
de représenter quoi que ce soit, en tant qu'ils n'ont pas
accès au lien d'expressivité entre les concepts et les mots.
Évidemment, tout cela s'enchaîne bien, aussi longtemps
que l'on n'ajoute pas une multitude d'autres hypothèses
à propos de la signification de « exprimable ». Les représentations des nouveau-nés sont-elles exprimables ?
Sont-elles exprimables chez les enfants qui deviennent
par la suite des utilisateurs du langage ou encore chez les
enfants qui n'ont pas la capacité de se développer ainsi ?
Qu'en est-il du langage des animaux ou de la capacité
représentationnelle animale à laquelle le langage semble
clairement faire défaut ? D'un autre côté, on peut être
un platoniste-frégéen à propos des concepts et qualifier
toutes les représentations de « conceptuelles ». Mais dans
ce cas, cela n'ajoute rien au fait de dire que les perceptions sont conceptuelles, dans la mesure où cela ne fait
que répéter l'affirmation selon laquelle les perceptions
tombent sous le concept de la représentation.

Pour notre exposé, l'intérêt des illusions comme intermédiaires entre le bon cas des perceptions vraies et le mauvais cas des hallucinations vides réside dans le fait que les illusions sont le fondement de la faillibilité de la perception. Les illusions peuvent s'inscrire dans deux couches d'épisodes perceptuels réels, d'une expérience perceptive réelle. En un sens, ils sont causalement reliés à une amorce objectale. Il y a vraiment des lignes tracées sur le papier qui présente l'illusion de Müller-Lyer. En un autre sens, on attribue à l'illusion des informations supplémentaires dérivées d'autres cas dans lesquels la confiance consciente, fondée sur les informations sensorielles et n'ayant pas recours à l'interprétation, est étroitement liée à une manière fiable de chercher comment les choses sont. Les illusions en elles-mêmes ne nous induisent pas en erreur ni ne nous disent la vérité. Elles sont le sol de notre faillibilité, en tant qu'il y a un sens dans lequel elles sont parfaitement adéquates et un autre sens dans lequel on peut se tromper sur leur compte en les inscrivant dans un environnement cognitif plus large où elles interagissent avec des perceptions directes.

Explicitons tout cela à partir du problème du point lumineux et de l'étoile [1]. Ce problème est seulement une autre version du problème de la lune et du pouce. À un moment de notre vie, nous avons appris que la plupart des points lumineux dans le ciel la nuit étaient des étoiles et que les étoiles étaient de grands objets célestes possédant beaucoup de propriétés chimiques passionnantes et ainsi de suite. Il est évident que les points lumineux dans le ciel ont trompé l'humanité durant des centaines de milliers d'années, et même quelqu'un d'aussi sobre qu'Aristote

1. S. Kripke, *Reference and Existence*, *op. cit.*, Lecture IV.

pensait à partir de leur apparence qu'elles étaient conduites par des âmes qui n'étaient pas différentes de celle de Dieu, la pure pensée qui se pense elle-même. Certes, Anaxagore avait déjà indiqué que la lune n'était qu'un gros caillou qui volait dans les alentours, et c'est pour cette raison qu'Aristote a transposé sa superstition à la sphère supra-lunaire. Le point lumineux est une illusion perceptive. L'illusion perceptive elle-même est parfaitement réelle. On peut en rendre compte par divers termes psychologiques et expliquer grossièrement comment cela se fait que les étoiles engendrent la perception d'un point lumineux chez l'homme. Cette explication elle-même n'est pas une illusion perceptive, mais simplement une explication conceptuelle ou théorique de la nature de cette illusion perceptive en particulier. Mais une fois qu'on est au courant de tout cela, on peut aisément se figurer l'étoile comme elle est en imaginant sa taille réelle, le temps que cela prend pour un photon d'arriver jusqu'ici, et ainsi de suite. Ce que je viens de dire peut évidemment être faux par beaucoup d'aspects, et dépend de la question complexe « comment individuer une étoile? ». L'étoile est-elle vraiment la source des photons qui en émanent de telle sorte qu'il y a un sens à dire que l'étoile que nous voyons actuellement peut ne plus exister? Ou peut-être que les étoiles sont plutôt comme des champs, si bien qu'il faudrait dire que nous nous trouvons finalement dans l'étoile, ou autrement dit, que nous sommes une partie du champ de l'étoile? Dans ce cas, nous sommes assez chanceux pour être à la croisée d'un nombre potentiellement infini de champs d'étoiles et avoir tout juste le bon type de température pour que nous puissions vivre.

.

Peu importent les détails scientifiques de cette histoire, ils différeront de manière significative de la mauvaise représentation de l'objet de l'illusion perceptive comme petit point lumineux. L'essentiel ici est que le petit point lumineux n'est pas en lui-même une représentation d'un petit point lumineux. Le petit point lumineux en lui-même est plutôt la représentation d'une étoile, et une étoile, pour ce que nous en savons, n'est pas un petit point lumineux. Il est faux de croire à partir de notre illusion perceptive que l'étoile est un petit point lumineux. Dans cet exemple, on identifie faussement le contenu de notre expérience perceptive avec l'objet représenté par le contenu. Et cette confusion est fondée sur une authentique expérience de la situation dans laquelle nous sommes pris en tant que véritables chercheurs qui doivent faire confiance à la perception pour une grande partie de leur savoir.

La morale de cette histoire est que l'entité à laquelle la faillibilité doit être imputée n'est pas la perception ni l'illusion perceptive, mais nous, qui percevons. Nous pouvons nous tromper ou avoir raison en fonction de ce que nous faisons de nos illusions perceptives.

Ce que je viens de dire devrait immédiatement susciter l'impression qu'on en est réduit à penser que l'expérience perceptive est illusoire de façon permanente et constitutive. Je m'y accorde en un certain sens. Voilà pourquoi : c'est dans la nature d'une représentation de différer par rapport à ce qui est représenté. On peut appuyer ceci en nommant le représenté « objet », de telle sorte que cela veuille dire qu'il y a une différence constitutive entre la représentation et son objet. Remarquons que cette différence constitutive, dans les termes que j'emploie, est une *différence ontologique fonctionnelle* plutôt qu'une *différence métaphysique substantielle.* Cela veut dire qu'en général on peut se représenter n'importe quel objet, y compris des représentations. Il n'est pas vrai que la réalité ait deux niveaux, les objets et la façon dont ils sont perçus. Il n'est pas non plus vrai que seuls les objets soient réels et que le reste appartiennant de quelque manière que ce soit à une catégorie différente, qui relèverait d'un domaine du non-réel.

Les représentations diffèrent de leurs objets. C'est la raison pour laquelle nous sommes constamment dans la position d'attribuer une propriété de la représentation à l'objet, qui n'appartient pas vraiment à l'objet lui-même, mais bien plutôt à sa représentation. Cette position est la position faillible. La faillibilité est l'origine de l'objectivité, en tant que le savoir objectif en général est un accomplissement à partir d'états mentaux faillibles.

GE-SCHICHT-LICHKEIT

Je conclurai mes courtes remarques en esquissant un point de vue encore moins décisif par rapport au savoir. Ce ne devrait pas être trop surprenant que l'assertion « je sais que p », c'est-à-dire ma prétention au savoir, est telle que la faillibilité qui y est impliquée doit être inscrite en moi, celui qui va potentiellement savoir. *Je* suis faillible. Ma prétention au savoir ou mon savoir ne l'est pas. Je suis responsable de mes prétentions au savoir. Quand elles sont couronnées de succès et que je sais que p, ce qu'il se passe, c'est que j'identifie correctement les éléments de ma représentation qui sont des propriétés de l'objet. Dans ce cas, mon savoir et l'objet coïncident dans quelque chose d'assez proche de ce que caractérise la majeure partie de la philosophie traditionnelle de la perception issue du *De l'âme* d'Aristote. Lorsque c'est un échec, je suis perplexe par rapport à la division des couches de la perception ou du savoir sur un plan non-perceptuel.

Notre situation perceptive réelle est régulièrement et généralement une structure composée de divers événements : l'événement d'une mémorisation sensorielle additionnée à diverses croyances et à l'expérience consciente. L'expérience consciente a une forme conceptuelle au sens où elle représente quelque chose comme étant d'une certaine façon. Pour autant, cela ne veut pas dire que la représentation est conceptuelle au sens strict. Au sens large, elle l'est, et au sens strict, disons au sens de Davidson ou de McDowell, elle ne l'est pas. Les tokens d'événements qui composent notre expérience perceptive sont en désordre, et c'est pourquoi nous sommes dans une position faillible. Il y a beaucoup de choses que nous savons sur un plan général et sur le plan perceptuel, et aussi beaucoup de choses que nous croyons faussement savoir, parce que notre seule façon de concevoir comment les choses sont est de distinguer, à partir de nos multiples perceptions et d'illusions cognitives, quels éléments appartiennent à l'objet fonctionnel d'un état mental et quels éléments appartiennent à la couche représentationnelle.

Notre esprit est une structure historiquement variable de couches composées de token d'événements. C'est sans doute ce que Hegel avait en tête dans le chapitre final de la *Phénoménologie de l'esprit* où le savoir absolu est présenté comme « *begriffene Geschichte* ». Mon collègue Michael Forster m'a fait remarquer à juste titre, dans notre séminaire commun sur la *Phénoménologie* que l'on a dispensé durant les trois dernières années, que c'est

un jeu de mots hégélien : *Ge-Schichte* signifie à la fois
« histoire » et « structuré par couches ». Une « *Schicht* »
en allemand est une couche. La philosophie est un savoir
absolu en ce qu'elle transforme les éléments des couches
historiquement variables du savoir humain en une
architecture fonctionnelle possédant une superstructure
clairement délimitée. Bien sûr, les philosophes sont tout
aussi faillibles que n'importe quelle autre personne qui
pense. La raison qui en est à l'origine est l'expression
quasi-littérale de *Ge-Schicht-lichkeit*, l'historicité de la
prolifération dont la fin est ouverte et qui, dans l'esprit
humain, se traduit par une suite infinie de couches et de
relations entre ces couches.

Chapitre 7

QU'EST-CE QUI N'EXISTE PAS ?[1]

Lorsque nous parlons, nous faisons beaucoup de choses avec les mots. Ce que nous faisons avec les mots a été étudié par des disciplines anciennes et récentes, à l'instar de la rhétorique, de la grammaire, de la logique, de la linguistique, de la philosophie du langage, de la psychologie, des sciences cognitives, etc. En tant qu'êtres vivants dotés de la faculté de penser, nous avons également la capacité remarquable de parler de ce que nous faisons lorsque nous parlons. Toutes les disciplines qui viennent d'être mentionnées sont auto-referentielles, en ce qu'elles traitent par le langage de ce que nous faisons avec les mots.

Dans ce contexte, chaque analyse théorique de ce que nous disons, et comment nous le disons, construit inévitablement un modèle de comportement linguistique (*linguistic behavior*). Comme tout autre modèle, les modèles de comportement linguistique réduisent et ordonnent la complexité du donné. Les modèles sont des modes de compression de données qui génèrent

---

1. Intervention prononcée lors du colloque « Nouveaux Réalismes » à l'université Paris V-Descartes le 13.10.2017 et traduite de l'anglais par V. Serre.

de nouvelles informations. Lorsque nous cherchons à analyser une caractéristique du langage humain, nous ne pouvons nous contenter de répéter ce qui a été dit, mais nous devons dire quelque chose de nouveau. Pour qu'un nouveau modèle puisse bien fonctionner, il doit prendre la forme d'une théorie. Une théorie élimine les modèles alternatifs en les présentant d'une manière qui met en évidence leurs faiblesses. Une théorie propose un classement des modèles possibles, de sorte qu'un théoricien voit sa position justifiée pour autant qu'on puisse prouver qu'elle figure au premier rang des modèles existants.

Les théories qui sont aux prises avec un objet du réel n'établissent pas leurs modèles seulement en fonction de caractéristiques structurelles ou *a priori* (telles que la compatibilité avec des systèmes et des principes logiques reconnus, la cohérence et l'exhaustivité du modèle, etc). Ces théories doivent prendre en considération le donné pré-théorique, la réalité pour laquelle nous tentons de construire un modèle.

Mais comment pouvons-nous garantir que notre théorie du comportement linguistique est suffisamment complète et occupe un rang suffisamment élevé dans la hiérarchie des modèles ? Comment pouvons-nous savoir que nous ne laissons pas un aspect essentiel de côté ? Est-il suffisant d'étudier les comportements linguistiques dont on trouve l'exemple dans ce que nous appelons les « langues naturelles » (comme l'anglais, le français, le turc, etc.) ? La présupposition même de l'existence des « langues naturelles » est-elle justifiée ? En effet, en affirmant qu'il existe des langues naturelles et en les distinguant les unes des autres, nous construisons d'ores et déjà un modèle de comportement linguistique et nous contribuons à une certaine théorie de ce qui existe.

Parvenir à des conclusions à propos du fait de parler, cette activité que nous aimons tant, est une tâche d'autant plus ardue que notre modèle de cette activité s'ajoute au phénomène que nous étudions. Nous transformons un comportement linguistique lorsque nous en faisons un objet d'investigation auto-réflexif. L'expression d'une théorie s'appuie nécessairement sur une sorte de présentation idéalisée du matériau étudié. Cette présentation « idéalisée » est elle-même soumise à des règles qui sont, d'une manière ou d'une autre, empruntées au fait de parler à propos de quelque chose et constitue elle-même un fragment de langage. Pour construire notre modèle, on doit admettre qu'on est en contact avec le langage humain. Mais on ne peut se contenter de prendre le langage pour acquis et de l'incorporer à notre théorie. C'est pourquoi toute théorie du langage est fondée sur des fragments de langage humain. Ces fragments servent d'exemples types, de paradigmes.

Les théories du langage sont établies sur la conviction que certains exemples de ce que nous faisons en disant quelque chose sont des exemples à valeur paradigmatique, plus qu'une chaîne aléatoire de signes, bruits, mots, ou que l'expression d'une pensée.

LE PROBLÈME

C'est dans ce contexte, esquissé à grands traits dans mon introduction, que prend racine l'énigme antique de la non-existence. Ce problème hante la manière dont les hommes se pensent comme animaux de pensée et de langage, depuis que nous bâtissons des théories sur nous-mêmes, dans des descriptions illustrées par les noms génériques d'*animal rationale* ou d'*homo sapiens*. Bien sûr, mon argument fait lui-même partie d'une théorie, au sens où nous avons défini le terme. Nul ne peut échapper à la fatalité d'émettre une présupposition pour comprendre comment nous sommes arrivés en position de demander ce qui existe et ce qui n'existe pas.

C'est pourquoi il n'est pas pertinent de tenter de résoudre la question ontologique une bonne fois pour toutes, en établissant simplement une liste de ce qui existe et n'existe pas. D'abord, il ne serait pas aussi aisé qu'on pourrait le croire de parvenir à une entente de chaque côté de la ligne séparant l'existant du non-existant. Ensuite, même si différents partis s'entendaient sur ce qui existe et ce qui n'existe pas, ils pourraient tous avoir tort. Les questions d'existence ne peuvent être entièrement résolues par un accord des locuteurs. Il reste à déterminer si leur classification des objets entre existants et non-existants correspond à la réalité des choses.

L'explication présentée ici a l'avantage de ne pas prendre pour acquis un aspect spécifique de la question. En effet, l'une des failles majeures des contributions contemporaines sur l'existence et la non-existence est la tendance à penser que les questions d'existence doivent nous mettre en relation avec un catalogue de la réalité. Selon cette interprétation, « exister » équivaut à « faire partie de la réalité », à « appartenir au catalogue ». « Ne pas exister » est l'extension négative du prédicat –*se trouve dans la réalité*. Appelons cette démarche « *métaphysique naïve* ». Cette métaphysique est naïve en ce qu'elle traite de la question de la non-existence de manière directe et absolue : exister signifie pour elle faire partie des objets auxquels peut se référer un discours sur la réalité ; ne pas exister, c'est ne pas s'y trouver.

Cependant, toute métaphysique naïve (même habillée d'un discours logique sophistiqué) tombe dans l'un des pièges présentés plus bas. Autrement dit, elle doit faire face à un dilemme.

Nous pouvons appeler la première partie de ce dilemme *le problème de Parménide*. Elle a été un objet de discussion depuis Parménide, jusqu'à Meinong, Russell, Quine, en passant par Platon, Aristote, etc. Elle se présente ainsi : si l'existence est le fait d'appartenir à la réalité, alors le prédicat – *existe* a une extension, à savoir, les existants. Pour le formuler différemment, un existant est ce à quoi s'applique le concept de l'existence. Il s'ensuit, sans surprise, que les existants existent. Dans une théorie de la réalité de premier ordre, ce qui rend une énonciation ou une proposition vraie, c'est un objet. On peut alors adhérer à l'affirmation, à première vue intuitive, selon laquelle les existants sont des objets qui existent. Pourtant, il y a ici un problème : selon cette théorie simplifiée du prédicat d'existence, on s'attend habituellement à ce qu'il y ait une anti-extension. L'extension de – *est bleu* est le bleu (les objets bleus), et son anti-extension est tout le reste (les objets qui ne sont pas bleus).

Mais si telles sont nos options, l'anti-extension de – *existe*, c'est-à-dire la non-existence, s'applique à des non-existants. Les non-existants sont les objets qui n'existent pas. Les objets qui n'existent pas se distinguent clairement des objets qui existent au moins par une propriété : l'existence. Mais cela signifie qu'il y a des objets qui n'existent pas. Et nombre d'entre nous pensent que les exemples abondent. En voici quelques-uns (dont l'existence est parfois sujette à débat) : les carrés ronds, les licornes, le nombre naturel le plus grand, les navettes spatiales allant plus vite que la lumière, le temps, la justice, l'immortalité, Dieu, l'âme, les armes de destruction massive en Irak, etc. Il semble ainsi que nous ne soyons tout simplement pas justifiés sur le plan théorique lorsque nous postulons une anti-extension paradoxale pour notre prédicat de premier ordre, – *existe*, car les exemples d'objets communément perçus comme non-existants abondent. Il y a des indices de non-existants. Mais que signifie l'affirmation qu'il y a des objets non-existants ? Certainement pas que ces objets font partie de la réalité, car cette catégorie est déjà occupée par les existants, qui sont bien déterminés à ne pas laisser les non-existants s'y infiltrer.

Soit dit en passant, la stratégie communément adoptée de Russell à Quine, qui consiste à se débarrasser du problème en le paraphrasant, ne fonctionne pas ici. Cette stratégie se résume, au fond, à adhérer à la définition nominale de l'existence, que l'on peut exprimer dans le langage de la logique de premier ordre comme suit :

$$\text{x } exists =_{\text{def.}} \neg \forall y(y \neq x)$$

À partir de là, on peut parvenir à la notion d'un *quantificateur existentiel* (*existential quantifier*) avec l'éclairage de cette définition de l'existence : $\exists x(x = y)$.

Malheureusement, dès que nous commençons à interpréter ce symbolisme schématique, c'est-à-dire, dès que nous indiquons ce que nos chaînes de symboles signifient, nous retrouvons la confusion à l'origine de notre fuite de la réalité vers le symbolisme. Ce que nous avons dit, en cherchant refuge dans une logique de premier ordre, n'est, dans le meilleur des cas, rien d'autre que : quelque chose existe seulement si cette chose est identique à quelque chose qui existe. Ceci nous met dans la position inconfortable de devoir donner une définition de l'identité, et bien pire, de l'existence. En effet, si nous définissons l'existence en termes d'identité, nous disons qu'exister est le fait d'être identique à une chose qui existe, constat qui doit pour le moins être développé d'une manière théoriquement recevable. C'est pourquoi les maîtres de la paraphrase, Russell et Quine, ont défendu plusieurs versions du *descriptivisme*. Selon eux, exister, c'est rendre une énonciation ou une proposition vraie, de telle sorte que ce qui est puisse être idéalement identifié par une description déterminante et nette. Arrêtons-nous ici pour l'instant; nous reviendrons à une version améliorée du descriptivisme dans la partie de cet essai proposant une solution au problème.

La seconde partie de ce dilemme est le problème du *double discours*, aussi connu sous le nom de *plurivocité*. Tout d'abord, il y a deux termes qui entrent en conflit théorique : « il y a » et « il existe ». Naturellement, la situation globale est pire – le vocabulaire ontologique dont nous sommes les héritiers est bien plus vaste et confus. Ce dernier inclut la réalité (*reality*), l'effectivité (*actuality*), l'être (*being*), etc. Je pense que le double discours, cette scission de notre langue ontologique, répond au problème suivant : si exister, c'est appartenir à la réalité, nous reconnaissons qu'il y a un domaine maximal limitant les existants : la réalité. Jusqu'ici, pas de problème. Mais qu'en est-il de la réalité même? Si elle n'existait pas, il n'y aurait pas de domaine maximal des existants. Or, selon cette interprétation, s'il n'y avait pas un tel domaine, rien n'existerait, car l'existence est précisément définie comme le fait d'appartenir à ce domaine maximal. Sans ce domaine maximal, elle n'est rien. Cependant, il est clair que le domaine maximal ne s'appartient pas à lui-même de la même manière que les existants ordinaires lui appartiennent. Pour protéger la réalité de la suspicion d'une erreur présente dans cette définition de l'existence, l'ontologie traditionnelle a réservé une place spéciale à la réalité. Si nous utilisons l'*existence* comme terme technique pour désigner le fait d'appartenir à la réalité, nous sommes libres d'utiliser un autre terme remplissant la même fonction pour la réalité. De manière générale, cette fonction peut être formulée soit *méréologiquement* (en bref : la réalité est un tout, dont toute chose, sauf la réalité elle-même, est une partie), soit avec l'aide d'un système théorique d'axiomes, conçu pour éviter les paradoxes complexes menaçant un théoricien qui fait appartenir la réalité à elle-même dans le sens le plus complet de l'existence.

Le cas de double discours le plus clair se trouve probablement dans le geste notoire de Heidegger (que Jean-Luc Marion répète *ad nauseam* dans son onto-théologie) lorsqu'il distingue « existence » (*Dasein*) et « il y a » (*es gibt*). Dans les passages les plus directs, Heidegger concède que la réalité comme totalité (le monde) n'existe pas. Pourtant, il affirme gaiement son « opinion » selon laquelle le monde n'existe pas, mais (tenez-vous bien !) il *mondanise*. Pire encore, il interprète le sujet sans référent en allemand *es gibt* comme une référence à un superpouvoir anonyme qui génère des existants. En bon athée, il évite d'appeler ce superpouvoir par son véritable nom (Dieu) et laisse cette initiative à des disciples qui assument leur foi catholique (ou leur croyance en une quelconque transcendance).

Ce que Heidegger fait ressortir en explorant le territoire jusque-là non balisé d'un double discours rendu aussi explicite que possible, c'est un élément qui reste caché sous la surface de la stratégie de paraphrase de l'analytique standard : une stratégie qui consiste à remplacer le problème par sa contrepartie formelle, de manière à suggérer que nous pouvons tout simplement résoudre l'énigme de Parménide en ne parlant plus anglais ou français mais en employant un charabia formel. Par l'exemple que constitue Heidegger, nous apprenons ce qu'il se passe lorsqu'on porte la métaphysique à son point extrême : nous ne savons plus quoi dire sur ce que nous faisons lorsque nous parlons de ce qui existe et de ce qui n'existe pas.

Avant que je ne vous présente mon propre antidote au poison éléatique, accordez-moi un bref et irresponsable détour en territoire wittgensteinien. Wittgenstein propose un choix alternatif intéressant face aux paraphrases analytiques et à la poésie métaphysique heideggerienne *hardcore*. Il part du postulat qu'il est impossible de vraiment rendre compte du langage ou des comportements linguistiques dans leur ensemble. Cela le force à défendre l'idée qu'il existe une chose telle qu'un langage ordinaire. Le langage ordinaire, c'est ce qui arrive lorsque nous ne regardons pas de trop près. C'est la donnée dont le théoricien tente en vain de s'emparer. Wittgenstein essaie ainsi logiquement de nous détromper, de nous guérir de notre tendance à trop théoriser l'usage du langage. Ainsi, il veut que nous « voyions le monde correctement » (*see the world alright*), comme il l'écrit déjà dans le *Tractatus*, parole dont on retrouve l'écho dans l'injonction des *Investigations philosophiques* : « Ne pense pas, regarde ! ». Malheureusement, il ne nous dit pas comment voir. Son injonction reste un geste vide dans la mesure où il ne nous donne pas les moyens de la suivre. Certes, il répond longuement à cette préoccupation, en échafaudant toute une théorie de la règle, de la manière dont on la suit, et d'être instruit par un maître. Simplement, il ne l'appelle pas théorie, pour contrer l'objection évidente que lui-même ne fait que construire un modèle de comportement linguistique, conçu pour faire taire les métaphysiciens.

Malheureusement, la métaphysique est bien plus enracinée dans notre expérience ordinaire que Wittgenstein ne voudrait le reconnaître, comme l'existence de la religion ou même nos différentes expériences du néant existentiel en attestent. La non-existence n'est pas juste un problème théorique qui survient lorsque nous tentons de construire des modèles linguistiques ou des modèles de pensée humaine exprimés sous une forme linguistique. Bien sûr, Wittgenstein le savait bien, et c'est pourquoi la mort et le sens de la vie sont des thèmes importants dans sa théorie méta-logique du *Tractatus*. Mais cela signifie seulement que Wittgenstein a compliqué le problème métaphysique de la non-existence, en y ajoutant la précision méthodologique selon laquelle il n'y a, finalement pas de méta-théorie parfaite, pas de position d'observateur impartial, depuis laquelle nous pourrions faire le point et trier les objets bien comme il faut, selon une certaine procédure informative, entre ceux qui entrent dans le panier de l'existence et ceux qui n'y entrent pas.

LA SOLUTION

L'idée que certaines choses n'existent absolument pas, qu'il y a un prédicat absolu de non-existence, c'est-à-dire la non-existence *tout court*, dépend généralement d'un des deux postulats suivants : soit que l'existence est comprise comme l'appartenance absolue d'une chose à la réalité, soit qu'il y a des raisons de penser que certains objets ne sont pas même logiquement

concevables, de telle sorte qu'ils ne peuvent en aucun cas
être candidats à l'existence. La première version nous
ramène à la métaphysique, tandis que la seconde restreint
les possibilités dans l'espace logique en établissant un
principe d'appartenance au domaine des objets. Dès
lors, différentes manœuvres semblent justifiées pour
éliminer certaines entités de la catégorie des existants.
Le métaphysicien devra énoncer une théorie substantielle
de la réalité et de l'existence. Cependant, cette démarche
est sans issue, car elle ne fait que répéter le problème de
l'existence de la réalité comme un tout : si exister, c'est
faire partie de la réalité, nous retrouvons le problème
selon lequel la réalité ne peut exister, ou du moins ne peut
exister au même sens que les objets qui s'y trouvent. Une
explication plus formelle, qui nous permet de restreindre
nos principes de compréhension, est plus convaincante :
partout où nous avons une description ou un prédicat,
nous ne voulons pas nécessairement qu'il existe un objet
correspondant. Tout au moins, nous ne voulons pas que
le carré-rond, le roi de France actuel ou la montagne
d'or existent (même si ces trois cas sont très différents,
à les regarder de plus près). Quoi qu'il en soit, la condition minimale pour une théorie de la non-existence
qui se respecte, c'est d'éviter une explosion absolue,
c'est-à-dire une violation illimitée du principe de non-
contradiction dans la constitution de l'espace logique que
nous peuplons d'existants. C'est bien sûr pour cette raison
que même les Néo-Meinongiens, comme Graham Priest,
qui limitent le champ d'application du principe de non-
contradiction ou reconnaissent des mondes impossibles,
font d'une manière ou d'une autre appel à un principe de
restriction. Autrement dit, la logique poussée à l'extrême
ou l'anarchie sémantique ne font pas sens, car le sens

dépend d'une distinction entre différents cas, comme un cas d'existence et un cas de non-existence. Mais pour avoir des cas distinguables, nous avons besoin d'une règle, ou d'une série de règles.

Étant donné que la métaphysique ne va pas nous aider ici, puisqu'elle tâtonne dans sa quête d'un règlement bien trop ambitieux, et étant donné que, logiquement parlant, il y a bien trop de règlements opposés qui vont générer des ontologies qui diffèrent du tout au tout, nous avons besoin d'un outil plus en accord avec nos trouvailles préthéoriques. Car nous avons l'intuition de ce qui existe et n'existe pas ; en théorie ontologique, nous voulons rendre compte de cette intuition, lui donner une forme théorique en la remodelant quand c'est nécessaire.

Dans ce contexte, j'ai élaboré une ontologie des champs de sens (*Sinnfelder*), ou CDS. Selon cette ontologie, exister, c'est apparaître dans un champ de sens, un CDS. Un CDS est un domaine d'objets épistémologiquement individués par un règlement correspondant qui nous informe de quels objets se trouvent dans le domaine et de quels objets ne s'y trouvent pas. Ontologiquement, un CDS est différencié par un sens frégéen, c'est-à-dire par un mode de présentation. Un mode de présentation ou un sens, ici, est un arrangement structurel d'objets de sorte qu'une certaine chose est vraie à propos de ces objets. On peut expliciter ce qui est vrai à propos de ces objets par des énonciations sur la valeur de vérité. Cependant, cela ne doit pas nous conduire au postulat par excellence de la métaphysique classique, selon lequel le réel n'a rien à voir avec la vérité.

Par exemple, Angela Merkel appartient au domaine de la politique européenne, le nombre 7 appartient au domaine des nombres naturels, Macbeth à celui des personnages de fiction (des personnages dont on parle surtout dans le mode fictionnel), les fermions à celui de la physique, etc. La politique européenne n'est pas sujette au règlement de Macbeth, le nombre 7 n'est pas sujet aux lois de l'UE et les fermions n'appartiennent pas au domaine des personnages de fiction. Les fermions sont sujets aux lois de la nature qui les connectent avec d'autres objets physiques, tandis qu'Angela Merkel n'est pas strictement identique à un objet physique ou à un quelconque nombre d'objets physiques, précisément parce qu'aucun objet physique (aucun objet étudié par la physique actuelle et classifié selon son règlement) n'est sujet aux lois de l'UE. Cela ne veut pas dire que les objets qui appartiennent à la catégorie de la politique européenne violent les lois de la nature ou sont faits d'ectoplasme, mais que le type d'objets auxquels le traitement de l'information des procédures légales s'applique n'inclut pas les objets physiques.

Dans ce contexte, nous pouvons identifier un type de relation : la relation entre un domaine et ses objets. J'appelle cette relation un « sens », car elle situe les objets dans un domaine circonscrit de manière intelligible, avec l'aide d'un élément que nous pouvons expliciter dans la forme logique d'une description. Nous pouvons chercher de nouveaux objets dans des domaines donnés précisément parce que nous avons confirmé nos attentes par rapport aux types d'objets qui peuvent s'y trouver. Ces attentes confirmées sont faites de notre relation épistémique à la relation ou fonction qui situe les objets dans leur domaine.

Les CDS correspondent à une forme de *descriptivisme ontologique*, ancré dans le postulat suivant lequel les objets ont par essence des propriétés par lesquelles ils diffèrent d'autres objets. Un objet est un assemblage de propriétés qui ont en commun d'être vraies à propos de cet objet. L'objet lui-même n'est pas une entité au-delà ou en-deçà de l'assemblage, mais est précisément ce « sens gouvernant » (*governing sense*), comme je l'appelle, des différentes vérités qui s'y rapportent.

Lorsqu'une fonction situe un objet dans un domaine, je dis de l'objet ou des objets qu'ils existent. Exister veut dire être quelque chose qui est tel dans un contexte donné, ou dans un CDS, pour le dire avec plus de précision. Par conséquent, la non-existence peut être définie de deux manières. En premier lieu, elle correspond au fait qu'un objet ne peut être situé dans un domaine donné. Nous avons une idée de l'objet, mais rien qui n'y corresponde. Je peux vous expliquer ce que je cherche si je cherche le roi de France actuel et vous pouvez me dire pourquoi je ne le trouverai pas là où je le cherche, à Paris. Il est possible qu'il y ait un roi de France actuel dans la mesure où le CDS de la politique est ouvert à des changements contingents. Peut-être que je n'ai pas suivi la dernière actualité politique. Certes, je ne suis pas très susceptible de changer d'avis sur ce sujet, car ma connaissance du CDS, et donc de la politique et de l'histoire contemporaine semble confirmer l'absence d'un roi de France actuel. Mais comme ma connaissance d'autres régions du monde est moins précise, il est plus probable que je croie à de fausses informations sur les rois et reines actuels. Et même si j'entends parler d'un roi ou si j'en connais un personnellement, cela n'implique pas que je sache comment il gouverne, quels sont ses pouvoirs, etc.

La non-existence d'un objet dans un CDS donné est souvent compatible avec son existence ailleurs (*être-ailleurs*). Par exemple, si Dieu n'existe pas hors de la Bible, alors il y a un CDS délimité dans lequel il n'existe pas. Cependant, cela ne signifie pas qu'il n'y a pas de Dieu dans la Bible. Ou bien, s'il y a un CDS dans lequel les licornes n'existent pas, cela ne doit pas nous conduire à mal interpréter le film *La Dernière Licorne*. Nous ferions une erreur d'interprétation, si nous disions qu'il ne contient aucune licorne.

Voici un autre exemple de la caractéristique structurelle qui sert de fondation à ma théorie de la non-existence. Depuis l'Antiquité, de nombreux philosophes ont remarqué que les nombres, ou des « universels » comme les prédicats ne peuvent se trouver dans la nature. On ne peut pas littéralement trébucher sur le nombre 7 ou percevoir le prédicat relationnel *se trouve plus loin de la terre que*. La négation courante de l'existence des nombres, des prédicats, de la signification, d'objets composites concrets, des couleurs, du libre arbitre, de la conscience, du temps, etc., souligne ordinairement avec justesse que certains objets n'existent pas dans leur domaine de prédilection, mais qu'ils sont, par exemple, une sorte d'entité mentale. Pour tous les objets cités de manière plus ou moins aléatoire, il y a quelqu'un qui affirme ou a affirmé qu'ils sont d'une quelconque façon des entités imaginaires ou mentalement construites.

Selon ce modèle, pour affirmer que quelque chose n'existe pas, il n'est pas besoin de dépendre de la définition métaphysique de la non-existence absolue. Tout ce qu'il faut montrer, c'est que l'entité apparaît dans un domaine dont le sens diffère de manière significative de celui dans lequel l'entité devait originellement apparaître. Par exemple, si les nombres sont des constructions mentales et si la signification linguistique n'est qu'un postulat idéalisé de la théorie sémantique à quoi rien ne correspond dans la réalité de l'usage linguistique, nous avons raison de nier leur existence dans tous les contextes où la condition d'existence excède la condition d'existence des entités imaginaires ou théoriques.

Nous pouvons à présent généraliser pour parvenir à une théorie de la non-existence. Ne pas exister ne veut pas dire, pour un objet, de n'être absolument rien, c'est-à-dire de se trouver dans aucun domaine d'objets. Il est parfaitement compatible avec des assertions de non-existence ordinaires et restreintes (qu'elles soient singulières, comme : Krishna n'existe pas, ou générales, comme : les licornes n'existent pas) que les objets dont l'existence est niée selon un certain CDS soient reconnus par un autre CDS. Si les sorcières sont destinées à être des objets dans le même CDS des agents se trouvant sur la planète Terre, comme Martin Luther, il est parfaitement juste d'affirmer leur non-existence. Une manière de démonter leur non-existence est de s'appuyer sur le fait qu'elles ne sont que des inventions de l'esprit, ou des objets de fantaisie construits par un ensemble de pratiques discursives. Ainsi, elles existent, mais dans le domaine de la fantaisie.

Ce que le domaine de la fantaisie a de spécial, ce n'est pas qu'il a un contenu sans avoir des objets, mais plutôt que les objets qui apparaissent dans son CDS sont essentiellement dépendants pour exister de l'imagination de sujets qui prétendent avoir une certaine forme de connaissance à leur propos. Si Luther affirme que les sorcières ont certains pouvoirs, il se peut qu'il ait raison, non à propos d'une certaine femme vivant à Wittenberg, mais plutôt à propos des sorcières, telles qu'elles ont été constituées, portées à l'existence en tant qu'inventions de l'esprit.

La non-existence, comme l'existence, est ainsi une relation, ou plus précisément une fonction. Elle situe les objets dont nous croyons qu'ils appartiennent à un certain CDS dans un autre CDS. Elle les place ailleurs dans l'espace logique. Le fait de ne pas exister veut dire qu'une chose n'apparaît pas là où elle était censée apparaître. C'est pourquoi nous apprenons finalement quelque chose lorsque nous découvrons qu'une chose n'existe pas.

DEUX OBJECTIONS RÉCENTES

Dans cette dernière section, je voudrais traiter de deux objections, l'une venant de Jocelyn Benoist et l'autre formulée par Yulia Melikh et Anton Friedrich Koch.

Jocelyn Benoist soutient que ma théorie de la non-existence généralise trop un type de cas qu'il souhaiterait circonscrire. Il prend le cas du bus numéro 60 à Rome. Un jour, il attendait ce bus. Ne le voyant pas arriver à l'endroit habituel, il a interrogé un habitant du coin qui lui a dit « non esiste più » (il n'existe plus). Pourtant, après cette rencontre, il a vu un bus 60 à Rome. Ce que l'habitant avait affirmé signifiait en fait que le bus 60 ne s'arrêtait plus à cet endroit particulier, ce qui n'était pas censé signifier que le bus 60 n'existait plus du tout. Sa non-existence à un endroit du même espace logique (Rome) se trouvait être compatible avec son existence en dehors du même espace logique. Je voudrais résoudre ce cas en distinguant deux CDS à l'intérieur du CDS de Rome et interpréter la réponse de l'habitant précisément comme une assertion de non-existence en tant qu'être-ailleurs. À ce stade du raisonnement, Jocelyn Benoist présente un autre cas, celui de quelqu'un qui a oublié d'écrire pour une conférence. Pour se sortir de l'embarras, le supposé auteur prétend avoir oublié son ordinateur, sur lequel se trouvait la seule copie du texte, en Sardaigne. Cependant, il n'a jamais écrit de texte pour cette conférence. Est-ce que cela signifie que selon le CDS ce texte non-écrit existe ailleurs, à savoir en Sardaigne ? Ou est-ce qu'il n'existe pas, comme on pourrait s'y attendre ?

Ma réponse est que le texte existe dans le CDS des objets fictifs. Les objets fictifs n'ont pas à être des objets fictionnels (des objets mentionnés dans le cadre d'un récit de fiction). Ce qui caractérise ces objets, c'est qu'ils existent de manière à ce que l'on puisse étoffer leurs propriétés relativement à une interprétation. L'éventail des interprétations est restreint par le cas examiné. Si l'auteur supposé est un philosophe, le texte qui n'a jamais été écrit aurait dû contenir des arguments qu'il est capable d'expliciter. Si quelqu'un qui se laisse abuser par son mensonge lui demande quel était le sujet du texte oublié en Sardaigne, il ne peut répondre au hasard. Le texte existe donc autre part. Il est re-situé selon le sens donné au CDS dans lequel il était censé être écrit.

La seconde objection part de l'observation que j'emploie régulièrement l'existentiel singulier négatif

(NON-MONDE) Le monde n'existe pas.

Ce que cet énoncé a de spécial, c'est qu'il entraîne avec lui une chaîne de paradoxes dans toute interprétation selon laquelle « le monde » se réfère à un objet ayant la propriété d'être l'objet incluant absolument tout ce qui existe. Je me permets de rapidement passer sur quelques cas paradoxaux.

Cas 1 : Si « le monde » est supposé faire référence à la totalité absolue des objets, le sens dans lequel il n'existe pas est le sens dans lequel il n'y a pas de vérité de toutes les vérités. Les objets sont des compilations de vérités, de ce qui reste valable sur eux. Rien n'est valable sur tous les objets, de manière à ce que l'on crée, partant de là, un nouvel objet, un sens surplombant de ce qu'il y a en général. Mais cela semble signifier que le monde est absolument impossible. Et s'il est absolument impossible, la raison pour laquelle il n'existe pas est une raison de croire qu'il n'existe absolument pas.

Cependant, mon avis est que le monde ne se réfère à rien et pas à quelque chose d'absolument impossible. L'enjeu de la réflexion de ce cas 1 ne devrait pas être qu'il y a un objet caractérisé par la propriété d'être absolument impossible, mais plutôt que nous ne pouvons donner aucun sens à la vérité de toutes les vérités. Songez un peu à tous les retours en arrière que l'on déclenche en tentant d'établir une vérité de toutes les vérités ! Il y a en plus des paradoxes sémantiques, et ainsi de suite.

Cas 2 : Si « le monde » est supposé se référer à la totalité absolue des faits et si les faits sont des vérités ontologiques (ce qui est valable à propos d'un objet), nous ne sommes pas plus avancés que dans le premier cas. La totalité des faits n'a pas plus de succès que la totalité des objets dans notre examen.

Cas 3 : Dans ce contexte, ma proposition est de supposer que si « le monde » se référait à quelque chose, il se référerait à la totalité de tous les CDS. Appelons cet hyper-champ supposé M. À ce moment de la dialectique, Melikh et Koch se demandent si M existe ailleurs, de sorte que (NON-MONDE) se trouve être un existentiel négatif ordinaire selon le CDS. Ils proposent tous les deux le CDS des objets fictionnels, ou plutôt imaginaires. Appelons-le I. Si M existe dans I et seulement dans I, (NON-MONDE) serait une version du raisonnement kantien classique qui dégrade le monde du niveau des objets ordinaires de l'expérience vers une idée régulatrice qui joue un rôle dans la structure heuristique de la métaphysique.

Examinons cette proposition de plus près. Si M existe dans I, I lui-même doit exister. Or, étant donné que M est le champ de tous les champs, le champ I doit exister dans M également. Dès lors, M existe dans I et I existe dans M. À ce stade, on pourrait recourir à une question posée par Quentin Meillassoux pendant une conversation sur l'axiomatique des CDS à Paris le 29 mars 2017. Meillassoux a demandé si je pouvais *a priori* éliminer la possibilité qu'il y a quelque chose que je voudrais appeler « forte interaction » entre deux champs, la « forte interaction » étant un scénario dans lequel il n'y a, au final, que deux CDS qui apparaissent mutuellement l'un dans l'autre. Ma réponse est que cette relation de forte interaction est elle-même un CDS, au sein duquel les deux CDS qui ont cette forte interaction existent, de sorte que nous avons à présent soit trois CDS pour lesquels la question de l'existence doit être successivement posée, soit un CDS (la relation de forte interaction) reliant deux objets entre eux. Dans ce scénario, pour que le CDS relationnel singulier existe, il faut qu'il y ait un CDS ; ainsi, nous ne pouvons jamais atteindre tout à fait la position selon laquelle il n'y aurait qu'une seule interaction forte. Mais même si cela pouvait être établi à un niveau axiomatique ou formel, similaire aux stratégies que nous connaissons par la théorie des ensembles (*set-theory*), ce ne nous serait d'aucune aide en ontologie, dans la mesure où notre point de départ est ici que nous construisons une théorie de ce qui existe et de ce qui n'existe pas. Cette théorie est ancrée dans ce qui existe et nous n'avons aucune raison pré-théorique de croire que ce qui existe n'est qu'une forte interaction géante n'ayant que des propriétés axiomatiques.

Ainsi, nous devons examiner en détail ce qui se passerait si M et I avaient une forte interaction. Je pense que cela serait un désastre, pour la raison suivante : si I existe dans M, alors tous les autres CDS en plus de I existent dans M aussi. Soyons parcimonieux pour mieux percevoir l'argument et supposons que le seul CDS hors de I serait l'univers U, au sens du domaine des objets physiques, dans lequel un « objet physique » est juste un objet dont l'existence est reconnue par la physique. Comme nous supposons que U n'est pas imaginaire, U n'existe pas dans I. Nous avons maintenant un M dans lequel U et I existent. Comme M existe en I, nous avons en I un M dans lequel nous avons un U et un I. Et dans U qui se trouve dans M, nous avons tous les objets physiques. La situation est, bien sûr, autrement plus compliquée. Nous ne devons pas oublier que M existe dans I. Dès lors, nous avons un scénario avec une infinité de mondes apparaissant dans une infinité de champs imaginaires, de sorte que nous avons aussi une infinité d'objets physiques distribués dans un nombre infini de répétitions de la même structure. C'est une conséquence de la propriété structurelle réaliste de CDS selon laquelle le monde pourrait, à première vue, être un objet imaginaire, pour autant que cela ne change pas tous les objets en objets imaginaires. La relation « apparaît-dans » ne doit donc pas être transitive dans le système implicite à l'objection de Melikh et Koch. S'il y a des trolls dans la mythologie norvégienne et si la mythologie norvégienne existe en Norvège, il ne s'ensuit pas, sans autre forme de débat, qu'il y a des trolls en Norvège. De même, si le monde existe dans notre imagination et si tout existe dans le monde, il ne s'ensuit pas que tout existe dans notre imagination de la même manière que tout existe dans le monde. Ainsi, l'idée d'une forte interaction entre M et I, nécessairement unis par une relation non-transitive où ils apparaissent l'un dans l'autre, s'appliquant mutuellement à M et I, crée une infinité de scénarios pour lesquels nous n'avons pas de critères d'identité. Si ma table existe dans une infinité de champs de type identique qui existent dans une infinité de mondes qui existent dans une infinité d'imaginations, le modèle proposé présente clairement des inconvénients par rapport à la proposition officielle de CDS selon laquelle le monde n'existe pas.

Nous restons avec la préoccupation que (NON-MONDE) n'est pas un existentiel négatif ordinaire selon la théorie des CDS. Je l'accepte. C'est pourquoi j'utilise (NON-MONDE) comme slogan pour attirer les métaphysiciens et les forcer à expliciter leur argumentaire lorsqu'ils affirment l'existence de leur version préférée de la totalité de ce qui existe. Quoi que la métaphysique ait à offrir, elle doit être compatible avec l'expérience pré-théorique. Les CDS ont l'avantage de ne rien éliminer de la sphère de l'expérience pré-théorique, excepté le postulat non-nécessaire d'un seul champ de sens qui contiendrait tout.

Ce qui existe et n'existe pas est un sujet à mille facettes et indéfiniment extensible. Il n'y a pas de théorie ontologique d'absolument tout ce qui est. Ce qui n'existe pas ne peut pas non plus être ramené à un champ unique.

La non-existence est aussi plurielle que l'existence. Le paysage des CDS est ouvert à toute sorte de non-existants, pour autant que nous ne les jetons pas dans un panier plein de paradoxes.

Ce n'est pas par coïncidence que cette théorie est l'exact contraire de l'unité du réel défendue par Parménide. On ne devrait pas s'étonner non plus de ce que la seule issue face à l'énigme éléatique soit de nier le principe métaphysique sous-jacent à l'entreprise métaphysique traditionnelle selon lequel la réalité est une.

CHAPITRE 8

L'ÊTRE HUMAIN ET LES LIMITES
DU TRANSHUMANISME [1]

Dans *Pourquoi je ne suis pas mon cerveau*, j'attaque une idéologie que j'appelle « le neurocentrisme ». Au fond, il s'agit de l'hypothèse répandue selon laquelle l'esprit est identique au cerveau ou à une autre structure neuronale. Le matérialisme moderne constitue l'arrière-plan de cette idée, qui introduit une ontologie plate selon laquelle le réel se réduit à une composition d'énergie et de matière. Il y a différentes façons de montrer que les prétentions impliquées et les présupposés sur lesquels repose la vision du monde matérialiste contemporaine sont faux. En principe, la forme de mon argument serait alors la suivante : l'être humain est la réponse à la question « qu'est-ce que l'être humain ? ». L'identification de l'esprit et du cerveau est une de ces réponses. Nous pouvons mesurer le succès ou l'échec des autoportraits de l'être humain par rapport à la manière dont nous conduisons notre vie. Nous pouvons savoir qu'il y a des conceptions défectueuses de nous-mêmes

1. Intervention prononcée lors du séminaire organisé par Alfredo Peña-Vega à l'EHESS et à la Fondation Gulbenkian le 21.02.2018 et traduite de l'anglais par L. Bazinek.

en tant qu'animaux doués d'esprit. Le neurocentrisme est défectueux sur le plan existentiel, car il est une idéologie destinée à se débarrasser de la structure même sur laquelle il repose. J'appelle cette structure « *Geist* (esprit) ». *Geist* est mon concept pour désigner l'invariant dans toutes nos tentatives pour distinguer l'être humain à la fois de la nature inanimée et des autres habitants du règne animal. Le neurocentrisme se brise contre ce fait, car il n'y a aucune possibilité de reconnaître l'être humain dans les corrélations neuronales de notre activité mentale.

En général, l'identification de l'esprit au cerveau échoue dès le début. En tant qu'êtres vivants et conscients, nous sommes bien évidemment en contact avec une réalité externe que nous n'avons pas faite. Par exemple, je peux en ce moment même voir mon ordinateur. Mon état d'esprit conscient est une relation objective entre moi-même et mon ordinateur, voire un cas de perception. Disposer d'un cerveau intact est une condition nécessaire, mais non suffisante pour un tel état. Mon ordinateur fait essentiellement partie de mon expérience perceptive, mais il n'est pas une partie essentielle de mon cerveau.

Dans *Pourquoi je ne suis pas mon cerveau*, je propose une solution du fameux « problème corps-esprit ». La solution envisage la relation entre l'esprit et le corps en termes de conditions nécessaires et conjointement suffisantes. Les deux, l'esprit et le cerveau, font partie des structures qui les englobent. L'une de ces structures est le *Geist*. Par exemple, je sais que je suis en ce moment en France. Je me conçois comme un être humain qui a une relation avec l'histoire de la France, sa culture, etc., tout en étant conscient de la notion problématique qu'il y a quelque chose comme la France ou sa culture. Cela signifie qu'il y a un tout, un *Geist*, dont je fais partie en tant qu'être vivant doué d'un cerveau humain. Bien évidemment, je ne pourrais pas prononcer ce discours sans un cerveau, mais il est également absurde de penser que mon discours ou ma présentation de ce discours serait identique à mon cerveau. Assurément, le langage, le discours, l'histoire, la France, le savoir, etc., sont des structures qui n'auraient jamais pu exister sans des cerveaux d'un certain type. Pourtant, cela n'implique pas qu'une connaissance parfaite de tous les cerveaux qui ont existé nous donnerait la moindre compréhension du *Geist*.

Je voudrais à présent étendre davantage ma réflexion à propos des échecs du neurocentrisme en jetant un coup d'œil sur l'idéologie du transhumanisme. Pour que ce soit clair, je suis humaniste au sens où je crois qu'il y a réellement de l'être humain qu'on ne peut ni remplacer par quelque chose de supérieur (Dieu, les sur-intelligences, les corps de silicone, des anges, les extraterrestres, les robots ou quoi que ce soit) ni par quelque chose d'inférieur (nos ancêtres les primates et nos compagnons du règne animal, des particules subatomiques etc.). Nous existons de façon irréductible et nous devons le reconnaître.

Les motivations du transhumanisme, à savoir la volonté de transgresser la sphère humaine, sont liées à une métaphysique. Pour cette raison, je vais tout d'abord esquisser la métaphysique de l'âge informatique qui est au fondement du transhumanisme contemporain. Dans la deuxième partie, je soutiendrai que rien ne peut remplacer l'être humain. Nous sommes irréductibles et irremplaçables pour deux raisons : non seulement nous sommes des êtres (vivants) incarnés, biologiques, mais nous sommes aussi des êtres rationnels qui parlent un langage qu'aucun calcul mathématique ne peut remplacer. En d'autres termes, le futur néo-humain que Michel Houellebecq décrit dans son beau livre *La possibilité d'une île*, qui se déroule dans le paysage désertique du sud de l'Espagne, ne peut pas exister. Michel Houellebecq ne peut transformer le transhumanisme en fiction que parce qu'il est intrinsèquement une science-fiction qui a perdu le contact avec le réel.

LA MÉTAPHYSIQUE DE LA RÉVOLUTION NUMÉRIQUE

Vous qui êtes devant ces pages lisez tous mes mots dans le style spécifique de mon écriture. Vous me lisez tel que ces mots sont écrits sous vos yeux. Et tandis que vous me lisez, vous vous faites des idées sur le sens de ces mots. Vous avez votre propre opinion sur le transhumanisme, sur l'avenir de la science et sur ce que signifie être humain et vous la comparez en ce moment avec ce que je vous présente comme un diagnostic philosophique. Tout cela ne serait pas possible si vous ne receviez aucune information de la réalité physique. Vous et moi, nous faisons actuellement partie de champs physiques différents qui transmettent de l'information – des sons, des rayons de lumière, etc. Si c'est possible, c'est parce que l'univers a une structure qui permet la transmission de l'information. Mais qu'est-ce que l'univers ?

J'entends par le terme « univers » le champ de recherche de nos sciences naturelles, en particulier de la physique. La physique étudie l'univers à plusieurs échelles depuis l'échelle extrêmement petite pour nous, les humains, jusqu'aux larges échelles de la structure de l'univers qui date de 13,8 milliards d'années en termes d'espace-temps. Peu importe l'orientation de nos instruments, nous pouvons recevoir une information vieille de 13,8 milliards d'années, mais aucune information plus ancienne. Ce qui est au-delà n'est pas accessible pour la physique. Le big-bang est une barrière infranchissable. Nous ne pouvons pas accéder à l'information qui se trouve de l'autre côté de cette frontière de la connaissance humaine, du moins pour l'instant.

À partir de cette considération, il est légitime d'établir une distinction entre la *réalité physique* et la *réalité de la physique*. Appelons la réalité physique la « nature » et la réalité de la physique « l'univers ». L'univers est étudié et peut être connu par la physique. Ce que la physique étudie est restreint aux informations auxquelles nous pouvons accéder par nos instruments. C'est pourquoi la physique ne peut pas étudier les événements et les structures à l'intérieur d'un trou noir, par exemple. Aucune information ne sort de l'intérieur d'un trou noir. La masse de ces objets engloutit toute information et ne permet à aucune information de sortir. Des problèmes similaires se posent pour les soi-disant matière et énergie noires. Aujourd'hui, nous ne pouvons pas étudier leur composition intérieure, car nous ne pouvons pas détecter une quantité suffisante d'informations, qui seraient potentiellement disponibles avec de meilleurs instruments.

La physique développe des modèles de la nature à partir des informations auxquelles nous, les observateurs humains, avons accès. Ces modèles nous mettent en contact avec l'univers, la partie connaissable de la nature.

Par conséquent, l'information à laquelle nous, les observateurs humains, avons accès, a une forme spécifique. Elle a la forme de ce pour quoi nous pouvons élaborer des modèles mathématiques. L'idée en est très simple. Prenez, par exemple, des termes de la physique comme le « c » pour la vitesse de la lumière ou le « m » pour la masse. Ces termes ont une valeur mathématique qui reflète la réalité physique. La réalité physique contient à la fois lumière et masse et ces deux éléments sont soumis aux lois de la nature que nous pouvons étudier. Cependant, il y a une différence de catégorie entre le rôle joué par le terme « c » et la vitesse de la lumière.

Nous ne savons pas tout ce qu'on peut savoir de la nature. La nature et l'univers ne sont pas (encore) identiques. Il y a un écart entre la réalité physique et la réalité connue par la physique.

Cela ne veut pas dire que la réalité physique soit complètement étrangère à la manière dont la physique la saisit. Bien au contraire. Si nous savons quelque chose dans le domaine de la physique, ce savoir ne change pas. Certes, nous pouvons corriger nos prétentions au savoir au fur et à mesure que surviennent des informations nouvelles. Mais il n'y a pas, en principe, d'information qui démontre que nous ne pouvons pas savoir ce qu'est la réalité physique.

Voilà un argument simple à ce propos. Imaginez que la réalité physique soit complètement étrange et exotique, si différente dans les faits qu'il nous serait impossible de la comprendre, de disposer d'une théorie physique susceptible de prédire et d'expliquer certains changements de la nature. Mais arrêtez-vous là tout de suite ! Comment pouvez-vous imaginer un tel scénario ? Si vous avez une certaine idée spécifique de ce à quoi ressemble une réalité complètement différente de tout ce que vous pouvez comprendre, c'est que cette réalité n'est en fin de compte pas si étrange ! Pour l'instant, vous pouvez au moins en avoir une idée très générale. Cela signifie qu'il existe une limite claire concernant le niveau de différence entre la réalité physique et l'univers tel que nous le connaissons.

Nous pouvons appeler le résultat de cette pensée le principe d'intelligibilité. Il signifie que la réalité physique n'est pas complètement étrangère aux hommes qui pensent et qui connaissent. Même si la nature n'a pas été créée pour servir d'habitation à l'homme, comme nous le savons maintenant grâce à la physique, la nature n'est pas étrangère à l'homme au point que nous ne puissions pas la comprendre. Cela découle du simple fait de savoir qu'elle n'a pas été créée pour nous, car nous ne pouvons le savoir qu'en sachant ce qu'est la nature ! C'est une version de ce que l'on appelle le « principe anthropique ». La nature est accessible aux hommes car nous évoluons en elle en tant qu'êtres connaissants doués de capacités mentales et sensorielles qui nous rendent la nature cognitivement disponible.

Sur cette base, la physique moderne élabore une image. Cette image repose sur l'idée que l'information est une caractéristique fondamentale de l'univers. L'univers est un système d'information dérivé des modèles de la nature que nous créons. Ces modèles ont une structure logique et mathématique.

C'est ici que la récente révolution informatique entre en scène. Les modèles mathématiques ont une structure que nous pouvons reconstruire en termes d'algorithmes. Un algorithme est une règle qui nous aide à résoudre pas à pas des problèmes d'une manière plus économique, c'est à-dire plus rapidement et avec moins de fautes. Ma calculatrice est bien plus performante que moi-même dans le calcul des nombres, car elle utilise des algorithmes sans utiliser une pensée en plus. Songez à une règle simple comme celle-ci : nous pouvons additionner 2 et 2 et en déduire le résultat 4. Si nous additionnons 2 et 3, nous pouvons le penser comme 4 plus 1, donc 5. On peut transformer cela en un algorithme qui calcule 2 et 3, 2 et 4, 2 et 5 etc. en additionnant simplement toujours 1 au résultat atteint par l'addition de 2 et 2. Un autre exemple plus commun d'un algorithme est notre comportement automatique le matin. Si vous avez l'habitude de commencer votre journée par un café, vous suivez un certain nombre de règles comme : essayer d'obtenir le café le plus vite possible, toujours avoir du café à la maison, s'assurer que la cafetière marche bien, etc. Toutes nos habitudes apprises fonctionnent parce que nous brisons des réalités naturelles hautement complexes en des pièces plus petites. Un nombre infini d'événements a lieu dans l'univers pendant que je fais mon café le matin. Pourtant, il est beaucoup plus simple de négliger tout cela et de préparer seulement mon café. Mais ceci ne peut se faire que parce qu'il y a des règles que j'applique et qui peuvent, en principe, être traduites en un modèle statistique de mon comportement.

C'est exactement ce que font les systèmes actuels d'intelligence artificielle utilisés par Amazon et les réseaux sociaux. Ils traduisent des règles du monde réel en algorithmes qui ont une forme mathématique. Ils lisent notre comportement dans le langage des mathématiques et de la logique. Ils s'appuient sur l'évolution de la physique moderne qui a commencé lorsque la physique dans la modernité précoce avait reconnu que la nature, telle qu'elle est, est écrite dans le langage des mathématiques. Les équations peuvent prédire des événements dans l'univers. Ce pouvoir de prédiction de la physique est au fond de la technologie moderne. Sans la mécanique quantique, il n'y aurait pas de systèmes de navigation, pas d'internet, etc.

C'est dans ce cadre que se déploie l'idée d'une métaphysique. Métaphysique et physique ne sont jamais identiques. C'est la définition du projet de métaphysique que nous héritons d'Aristote. Bien qu'il n'eût pas encore utilisé le mot « métaphysique », il avait déjà clairement l'idée d'une théorie qui étudie les objets au-delà de ce que la physique peut nous dire de la réalité. La métaphysique commence là où s'arrête la physique.

Chaque époque de l'histoire humaine a eu sa propre métaphysique. Aujourd'hui, il y a une métaphysique globale, c'est la métaphysique de la globalisation elle-même. Cette métaphysique est la force motrice de la révolution numérique. Comme je l'ai dit, elle commence là où la physique se termine. La limite de la physique est la frontière mouvante qui sépare ce que nous ne connaissons pas (encore) de la nature de l'univers, de la façon dont nous le connaissons. La nature (la réalité physique) et l'univers (les parties connues de la réalité physique qui constituent la réalité de la physique) ne sont pas identiques. En fait, ils ne seront jamais identiques car il y a des faits physiques que nous ne trouverons jamais. Et nous ne pouvons pas non plus changer le fait qu'il y a des parties de la nature que nous ne pouvons pas étudier car elles sont isolées de nous, ce qui est l'une de ces prétendues hypothèses du « multivers ». Certains physiciens qui travaillent sur la physique quantique, comme David Deutsch dans son livre *Le début de l'infini*, vont jusqu'à adopter la fameuse interprétation multi-monde de la mécanique quantique. Cette interprétation serait justifiée par le nombre infini d'univers alternatifs possibles et différents de celui que nous observons.

Je ne souhaite pas prendre position par rapport aux questions actuelles de la physique, car je ne suis pas physicien. Nous avons seulement besoin de la physique pour établir ici la distinction entre ce qu'elle peut nous apprendre du champ qu'elle étudie et ce qu'elle ne sait pas et ne va jamais savoir à propos de ce même champ.

Pourtant, cette distinction est ignorée par la métaphysique actuelle. L'âge de l'information part de l'assertion si souvent explicitée que la nature n'est rien d'autre qu'un immense ordinateur, un vaste système du traitement de l'information. Mais on confond alors la réalité de nos modèles avec la réalité naturelle que nous saisissons sur le plan scientifique, certes avec succès, mais de manière limitée.

Le transhumanisme est un projet qui est lié à la métaphysique de l'âge de l'information. Il affirme que notre humanité n'est pas nécessairement incarnée dans la sorte d'être vivant que nous sommes effectivement. Traditionnellement, on a considéré que le critère suprême de l'humanité était notre capacité rationnelle à pouvoir penser. Mais depuis les nombreuses avancées de l'intelligence artificielle et les multiples inventions technologiques comme l'ordinateur et internet, nous sommes maintenant entourés par un nuage d'intelligence qui règle les problèmes pour nous d'une manière bien plus efficace et rationnelle que n'importe quel être humain ou groupe d'êtres humains ne pourraient le faire. Il y a beaucoup de choses que l'on tenait traditionnellement pour spécifiquement humain et que les ordinateurs arrivent à exécuter mieux que nous.

Actuellement, une profonde révolution numérique est en cours et affecte aussi le savoir scientifique. La climatologie, la neuroscience et même certaines parties de la sociologie s'appuient sur le *big data*. D'énormes masses de données sont filtrées par un algorithme implanté dans des ordinateurs très efficaces afin de pouvoir analyser les megadonnées et parvenir à des conclusions qu'aucun être humain ne pourra jamais atteindre dans le temps limité de sa vie.

Le transhumanisme déduit de ces avancées technologiques et scientifiques que nous pourrons, voire que nous devrions bientôt observer que les êtres humains vont complètement disparaître des formes les plus évoluées de l'exploration intelligente des données. Tôt ou tard, les ordinateurs deviendront bien plus rationnels que l'homme à tous égards, si bien qu'ils pourront être vus comme la création d'un véritable dieu par l'humanité.

Certains pensent qu'une explosion de l'intelligence appelée « la singularité » aura lieu. La singularité est le moment où l'intelligence artificielle transcende notre capacité à comprendre et à contrôler ses processus internes du traitement de l'information. Cette idée est d'une manière claire résumée par le philosophe australien David Chalmers [1] : nous, les humains, avons inventé des machines intelligentes telles que les ordinateurs. Leur intelligence consiste en leur capacité à résoudre certains problèmes dans un temps limité en suivant un ensemble de règles bien définies. L'intelligence d'une machine est un système de suivi automatisé des règles, voire des algorithmes, implantés dans la machine. Jusqu'ici, tout va bien. Ensuite, Chalmers imagine un moment où nous

---

1. D. Chalmers, « The Singularity : A Philosophical Analysis », *The Journal of Consciousness Studies* 17 (2010), p. 7-65. Il se trouve que l'hypothèse de la singularité ne s'appuie pas sur les faits empiriques du progrès technologique comme le montre Jean-Gabriel Ganascia dans *Le mythe de la singularité*, Paris, Seuil, 2017.

aurions programmé une machine dont le travail serait d'inventer des machines. Tout comme les programmes récents d'échecs jouent mieux que tout homme, une machine qui conçoit des machines peut, de façon hypothétique, être plus capable que nous en ce qui concerne la conception des machines. Ce qui implique qu'une telle machine pourrait, en principe, construire une machine qui serait plus intelligente que les hommes. Cette machine, de son côté, irait ensuite inventer une machine encore plus intelligente, etc. Cette spirale pourrait continuer au-delà d'un certain point que nous, les pauvres penseurs humains et limités, ne pourrions plus reconstituer. C'est là l'idée de la singularité : une percée ultime de l'intelligence artificielle de sorte qu'il est possible d'établir qu'une machine sur-intelligente pourrait tout simplement éradiquer toute vie biologique sur terre ou bien la soumettre à ses intérêts dans une cyber-dictature ultime et éternelle.

Bien sûr, le transhumanisme n'est pas forcément un mouvement nihiliste qui affirme la possibilité d'une sur-intelligence malveillante et qui veut que les hommes soient remplacés par les futurs dieux de silicone. Il y a aussi tout un courant d'intelligence artificielle bienveillante qui embrasse le progrès technologique, mais espère une relation plus harmonieuse entre une intelligence supérieure et l'être humain.

Quoi qu'il en soit, je vais maintenant défendre que tout cela est fondamentalement erroné d'un point de vue philosophique. Les arguments présentés en faveur d'une possibilité de principe qui sous-tend le transhumanisme sont tous irrécupérables. Mais on ne peut le voir qu'à la lumière d'une conception nouvelle de l'humanisme, fondée sur une notion exacte de l'être humain.

LA NATURE HUMAINE

Dans mes livres récents, *Pourquoi je ne suis pas mon cerveau* et *Le néo-Existentialisme*, j'ai plaidé pour une nouvelle conception de l'humanisme[1]. Dans ce contexte, j'ai recours à une pensée cruciale qui vient de la tradition de l'existentialisme. Cette ligne de pensée est bien évidemment plus ancienne et revient finalement à l'antiquité grecque. Selon cette pensée les êtres humains sont essentiellement impliqués dans l'activité de répondre à la question de ce qu'est l'être humain. C'est pourquoi vous êtes ici, à lire ce propos. Même au niveau de la vie quotidienne, nous apportons des réponses à cette question et nous conduisons notre vie selon ces réponses. Par exemple, si vous croyez qu'être humain signifie posséder une âme immortelle tenue responsable de ses désirs, de ses intentions et de ses actes par un Dieu transcendant qui a implanté une loi divine dans votre âme, vous allez agir en conséquence. Vous allez peut-être à la messe, vous essayez peut-être de convertir des gens, vous priez ; bref, vous faites tout ce qu'une âme immortelle doit faire. Par contre, si vous croyez que les êtres humains font entièrement partie du royaume des animaux, vous pouvez vous concevoir comme un primate sophistiqué, un singe avec un passeport et un ordinateur, etc. Appelons ces deux attitudes *l'attitude religieuse* et *l'attitude scientifique moderne*.

De nos jours, nous avons encore un troisième candidat, l'attitude scientifique postmoderne. Il est défendu par les transhumanistes qui croient que nous

---

1. M. Gabriel, *Pourquoi je ne suis pas mon cerveau*, *op. cit.* ; *Le néo-existentialisme. L'esprit humain après l'échec du naturalisme*, *op. cit.*

sommes, en fin de compte, des logiciels, implantés dans du matériel informatique biologique, le « *wetware* », le matériel liquide de nos cerveaux, mais qui pourra être implanté dans un meilleur matériel, que ce soit dans un avenir proche ou lointain. L'attitude moderne n'a aucun désir d'immortalité, l'attitude postmoderne envisage une version technologique de l'immortalité.

Quoi qu'il en soit, ces attitudes ont en commun l'argument que les hommes devraient faire certaines choses et en éviter d'autres, car ils ont une conception normative de ce à quoi devrait ressembler l'homme. Ils déduisent cette conception normative de l'homme à partir de leur anthropologie, c'est-à-dire de leur réponse à la question de savoir ce qu'est l'homme.

L'argumentation du néo-existentialisme monte à un niveau plus haut. Au lieu d'essayer de répondre à la question de ce qu'est l'être humain en se décidant entre les options proposées (ai-je une âme immortelle ? Suis-je un ensemble de neurones ? Suis-je un logiciel installé dans un cerveau ?), il tient compte du fait que toutes les réponses ont quelque chose en commun : elles essaient toutes de faire une distinction entre l'être humain, les autres êtres vivants et la nature inanimée. Ce qui veut dire que toute réponse à la question de ce qu'est l'être humain présuppose que nous soyons intéressés à trouver une place pour l'être humain qui ne l'identifie pas uniquement aux choses de l'univers et qui ne supprime pas non plus la distinction évidente entre les hommes et les autres êtres vivants.

Dans ce contexte, il est clair que nous sommes une sorte de sur-intelligence pour les autres animaux, c'est pourquoi nous sommes si dangereux pour bien des espèces. Les autres animaux n'ont aucune idée de ce que nous sommes. Aucun lion ne comprend que nous le dominons avec nos armes et notre technologie supérieure, aucun autre primate n'a la moindre notion du fait qu'il y a des nations humaines différentes sur cette planète avec un budget militaire ou une histoire de l'art locale. En outre, pour autant que nous le savons, aucun autre animal ne s'intéresse à ce que cela signifie d'être cet animal par opposition à un autre animal. Les dauphins ou les requins n'auraient pas de crise existentielle s'ils apprenaient que manger du poisson ou de la viande pourrait être immoral. Les hommes, pourtant, peuvent devenir végétariens s'ils apprennent que nous agissons avec cruauté en abattant des animaux pour notre plaisir gastronomique. De même, aucun éléphant n'a jamais été impressionné par l'extension de l'univers ou ne s'est jamais demandé si la vie de l'éléphant avait un sens profond. C'est pourquoi aucun autre être vivant n'a ni art, ni religion, ni science.

Je ne le dis pas pour déprécier nos compagnons, les autres animaux de cette planète. Le fait que nous soyons bien plus intelligents que tout autre animal ne veut pas dire que nous sommes supérieurs au sens éthique du terme. La supériorité morale est un tout autre sujet car nous, les hommes, sommes en train de détruire les conditions de survie de notre propre espèce et peut-être de toute la vie sur terre à cause de notre intelligence spectaculaire que nous avons utilisée pour comprendre ce qu'il se passe réellement autour de nous dans l'univers.

L'élément central de ce raisonnement, c'est que l'être humain est essentiellement un être qui conduit sa vie à la lumière d'une conception de ce que c'est que d'être humain. Notre conception de ce que nous sommes ou de qui nous sommes en tant qu'être humain transforme en profondeur ce que nous sommes. Rappelez-vous les trois grandes catégories d'attitudes que j'ai mentionnées précédemment : le religieux, le scientifique moderne et le scientifique postmoderne. Une personne religieuse est profondément transformée par ses croyances par rapport à elle-même en tant qu'être humain et il en va de même pour le scientifique moderne.

Moi, par exemple, je n'ai jamais cru que j'avais une âme immortelle. Mais je ne crois pas non plus en la vision du monde de la science moderne ni à son cousin postmoderne. Concrètement, cela signifie que j'ai une attitude très différente à l'égard du passage du temps, du fait de vieillir, du sens de la vie, de la politique, etc., par rapport à l'attitude que voudrait adopter une personne religieuse, qui croit littéralement avoir une vie après la vie.

Au lieu de croire en une histoire standardisée, je nous recommande de changer encore plus radicalement d'attitude afin d'aboutir au néo-existentialisme. Le néo-existentialisme soutient que l'être humain consiste en ses réponses à la question de ce qu'est l'être humain. Chaque personne a une anthropologie personnelle. Nos anthropologies se recoupent et c'est pour cela que nous pouvons former des groupes. Retenez que le néo-existentialisme ne choisit pas une anthropologie donnée afin de la privilégier sur une autre. Il regarde plutôt ce que tous les êtres humains partagent en tant qu'êtres humains.

Appelons les façons standardisées de nous concevoir nous-mêmes comme des êtres humains des *anthropologies de premier ordre*. Il y a bien plus d'anthropologies de premier ordre que celles que nous venons d'évoquer. Mais toutes les anthropologies de premier ordre souffrent fondamentalement du même problème. Chacune est en opposition avec toutes les autres anthropologies. Il y a un sérieux et même dangereux désaccord entre les anthropologies de premier ordre. En fait, elles entretiennent une guerre interminable. Actuellement, il n'y a pas seulement toute une série de guerres entre les modes d'être humain religieux et non-religieux, mais aussi parmi les différentes formes de vie scientifiques. Par exemple, la Corée du Nord et la Chine appuient leur conception de la science sur la tradition marxiste, tandis que les États-Unis ont une conception pragmatique de l'être humain comme fabricant et producteur de biens et de solutions aux problèmes. D'un point de vue marxiste, c'est profondément erroné. Quant à l'Europe, c'est encore très différent en vertu de nos traditions philosophiques, historiques et religieuses. On aura besoin de plus d'un propos pour répondre à la question de savoir ce qu'est l'Europe et ce qui définit nos traditions. Tout ce dont nous avons besoin au point où nous en sommes, c'est simplement de savoir qu'il existe toutes ces anthropologies de premier ordre, lesquelles sont littéralement en guerre les unes contre les autres. Et une guerre ne verse pas forcément le sang. Il y a la cyberguerre, la guerre économique, etc.

Le Néo-existentialisme, au contraire, est une anthropologie de second ordre. C'est une théorie de ce que toutes les anthropologies de premier ordre ont en commun. Il identifie ce centre commun et l'implante comme mécanisme d'orientation pour une forme de vie pleinement rationnelle. Il est remarquable que cette idée même de néo-existentialisme soit compris dans le concept de l'homme comme *homo sapiens*. Carl von Linné a forgé ce nom au XVIIIe siècle pour qualifier notre espèce dans son *Système de la nature*. Au lieu de définir ou de classer l'être humain par rapport aux plantes et aux animaux, il s'est adressé à nous sous la forme d'un ordre : *nosce te ipsum*, connais-toi toi-même ! C'est pourquoi il nous appelle « sapiens ».

« Sapiens » vient, bien sûr, de « sagesse (*sapientia*) ». Linné cite l'oracle de Delphes qui commande aux hommes de se connaître eux-mêmes, de déchiffrer ce ou qui ils sont. Notre sagesse est un résultat du fait que nous ne naissons pas avec la réponse à la question de qui ou de ce que nous sommes. Nous sommes né(e)s libres et nous mourons libres. Nos parents sont aussi surpris de ce que nous devenons que nous le sommes nous-mêmes. Personne ne peut prédire pleinement le comportement humain, tant sur un plan microscopique que sur un plan macroscopique. Nous pouvons avoir des hypothèses raisonnables sur ce que quelqu'un va faire, mais dans l'absolu, nous ne pouvons pas le prédire.

La raison de cette impossibilité ultime de prédire le comportement humain est notre liberté. Notre liberté est une caractéristique du fait que nous pouvons seulement agir à la lumière d'une conception de ce qu'est l'être humain. Même si « être humain » n'était qu'une manière d'être singulière à côté de celle des bosons, fermions et galaxies, ce fait naturel ne nous serait pas immédiatement révélé. Par conséquent, cela ne trancherait pas la question du choix entre l'image religieuse et l'image scientifique de l'être humain. En effet, l'idée même de la vision religieuse, c'est que rien de ce qui peut être trouvé dans la nature ne parlera jamais pour ou contre l'existence d'une âme immortelle. La religion ne peut pas être modifiée par des connaissances empiriques concernant le fonctionnement de l'univers. Telle est la raison de sa persistance !

Nous sommes libres en ce que nous devons incorporer dans nos actions une réponse spécifique de ce qu'est l'être humain. Nous ne le faisons pas seulement au niveau individuel mais aussi au niveau institutionnel. Les tribunaux règlent les conditions d'application des droits de l'homme. Les Églises, les gouvernements et les sociétés académiques mettent en œuvre leur anthropologie dans des contextes qui orientent le comportement humain, dirigés par des règles.

L'anthropologie du néo-existentialisme, qui fait partie du second ordre, conçoit l'être humain seulement dans les limites où il est un être humain. Elle nous confronte à notre liberté pure, avant son application dans des contextes relatifs à celles du premier ordre. Mais cela signifie qu'elle intervient dans la réalité de l'anthropologie de premier ordre en proposant une autre manière de nous concevoir nous-mêmes. Au lieu de nous donner le contenu de la norme suprême du comportement humain, elle nous préconise simplement de mener une vie qui contribue à la réalisation de la liberté. Le néo-existentialisme est un humanisme radical, qui défend l'importance d'éviter tout schéma métaphysique de l'être humain qui s'attribue une nature, soit sous la forme d'une nature religieuse transcendante, soit sous la forme d'une nature scientifique moderne ou postmoderne.

Avant de conclure, je voudrais esquisser brièvement un argument contre la « singularité » de Chalmers. L'argument de Chalmers repose sur la prémisse qu'il pourrait y avoir en principe une intelligence qui serait plus intelligente que nous. Cette forme d'intelligence se distinguerait de la nôtre de la même façon que notre intelligence se distingue de celle d'un lion. Les lions sont plus ou moins prévisibles, et de toute évidence, ils n'élaborent pas de plans subtils pour nous attaquer. Ils attaquent de temps à autre, mais pas après avoir mis en place un vaste plan contre les hommes. Ils n'en ont aucune idée. Leur intelligence est totalement adaptée à la fonction de survie et à celle du bien-être biologique. Elle n'est pas dédiée à la liberté de « l'être-lion » en tant que telle. Il n'y a pas de « lionologie » pour les lions comme il y a une « anthropologie » pour les hommes.

Et si l'intelligence humaine était la plus haute limite de l'intelligence ? Certains hommes sont certes plus malins d'autres dans certains domaines et il en est ainsi avec l'intelligence d'une machine. Mais cela ne veut pas dire que Garry Kasparov, par exemple, est au-delà de l'intelligence humaine, bien qu'il me vaincrait dans toute partie d'échecs que je ne pourrais jamais jouer avec lui. Je n'ai aucune chance en échecs contre Garry Kasparov. Mais il n'est pas un extraterrestre pour autant.

Chalmers présuppose sans aucun argument qu'il pourrait réellement y avoir une pensée « logiquement autre », comme l'a nommée le philosophe américain James Conant[1]. Pour autant, il y a une limite qu'aucune intelligence possible ne peut dépasser, à savoir la limite de la logique elle-même. Cela signifie que toute intelligence va suivre certaines règles qui permettent le traitement de l'information selon des méthodes qui obéissent elles-mêmes à des règles, sans quoi elle ne pourrait pas être plus maligne qu'une autre. Nous connaissons les limites de la logique si nous étudions notre propre pensée. La pensée humaine a atteint le plus haut point possible sur le

---

1. J. Conant, « The Search for Logically Alien Thought », *op. cit.*

plan de la logique, à savoir le point où la pensée réfléchit sur elle-même et reconnaît que la pensée logique est une forme de traitement d'informations rationnelles. C'est pourquoi l'explosion intelligente que peut entraîner le progrès technologique futur ne va pas nous présenter un agent extraterrestre, mais simplement un agent qui sera bien plus fort dans chaque tâche humaine. Mais aucune Intelligence artificielle ne sera jamais meilleure dans toutes les tâches. Trop de tâches humaines ne fonctionnent que parce que nous sommes des êtres vivants. En tant qu'êtres vivants, nous habitons un monde de sens, plein d'odeurs, de souvenirs, d'émotions, et structuré par le fait que nous allons mourir. Et pour tout cela, il n'y a pas d'algorithme ou de reconstruction logique. La réalité de la pensée se trouve au-delà de la logique.

CONCLUSION

La liberté humaine et notre capacité à réfléchir sur la pensée sont intriquées. Ensemble, elles nous élèvent au-delà de l'ordre de l'expérience quotidienne. Dans l'expérience quotidienne, nous sommes en relation avec les objets et les événements de notre environnement sensoriel. Alors que j'étais en train d'écrire ceci, j'étais assis à l'aéroport de Naples. Pour regagner le portillon, j'étais sans cesse amené à observer le comportement des gens ainsi que les incidents comme les véhicules qui circulaient. Lorsque j'étais complètement immergé dans cette situation, je pensais à ce qu'il se passait, sans réfléchir en même temps sur ma pensée. Dans de telles situations, nous sommes pour ainsi dire en « pilote automatique », semblables à une sorte d'intelligence artificielle qui se contente d'exécuter les conditions se situant à l'arrière-plan de l'exploration des données interconnectées dans notre système nerveux, et auxquelles appartiennent nos habitudes et nos souvenirs acquis au fil du temps. Mais à présent, en écrivant ces lignes, je m'élève moi-même au niveau de la réflexion sur la pensée.

Les philosophes antiques, tout particulièrement Parménide, Platon et Aristote, considéraient que l'homme est fondamentalement capable de devenir divin, parce que nous sommes capables de réfléchir sur la pensée elle-même et d'élaborer un raisonnement logique. Les Grecs avaient inventé la logique et la technologie. Ils nous ont ainsi montré ce que signifie l'utilisation de la logique pour remodeler radicalement notre environnement social et politique. C'est ce qui a conduit à une véritable explosion d'intelligence, incarnée dans l'énorme puissance de l'empire romain à restructurer l'ancien ordre du monde. Le modèle de l'empire est toujours présent aujourd'hui. D'une certaine manière, l'âge de l'information est un cyber-empire. Ce n'est pas un hasard si nous utilisons toujours beaucoup de mots du grec et du latin antiques comme les mots « démocratie », « logique », « politique », « sénat », « gouvernement », « éthique », « intelligence », etc.

Réfléchir sur la pensée est la limite la plus haute de l'intelligence. Certes, nous pouvons rajouter des niveaux et réfléchir sur la pensée de la pensée et ainsi de suite. Nous le faisons tout le temps. À ce moment précis, vous réfléchissez sur ce à quoi je pense. Étant donné que je pense à la pensée, vous réfléchissez sur ma pensée de la pensée. Et c'est encore plus compliqué si vous réfléchissez sur ce que la personne qui est à côté de vous pense pendant qu'elle écoute ce que je dis. La société humaine est depuis la philosophie antique un réseau de pensées reliées entre elles qui concernent la pensée elle-même.

J'aimerais conclure en vous faisant remarquer que Platon n'a pas seulement inventé le cinéma avec sa célèbre allégorie de la caverne. Il a également inventé internet. Dans son dialogue *Le Sophiste*, il postule une liaison entre toutes les idées dans un réseau qu'il appelle « la combinaison des formes (*symplokê tôn eidôn*) »[1]. C'est là l'origine de la notion d'un « espace logique » gouverné entièrement et sans exception par des lois logiques. Cet espace logique, c'est internet. Internet est logiquement et entièrement transparent, c'est pourquoi il n'y a pas de barrière infranchissable et parfaite. On peut protéger les données, mais par principe, on ne peut pas les cacher.

Il est vrai qu'il pourrait y avoir une explosion de l'intelligence d'internet. Cette explosion peut réellement menacer l'existence de l'humanité dans la réalité analogique, non-numérique, que nous habitons en tant qu'êtres vivants. Une sur-intelligence peut, par exemple, déclencher une guerre nucléaire si elle convainc quelqu'un qui peut réellement déclencher une telle guerre, disons Donald Trump, qu'une autre nation est en train de l'attaquer. Ce n'est vraiment pas difficile pour une sur-intelligence artificielle de rentrer dans le compte Twitter de quelqu'un et dans tous les canaux en ligne des États-Unis, y compris Fox News etc., afin de convaincre Donald Trump que le gouvernement de la Corée du Nord est sur le point de lancer une attaque.

Pour autant, dans tous ces scénarios, le danger réel est toujours l'être humain parce qu'internet n'a que les

---

1. Platon, « Le Sophiste », *Œuvres complètes*, tome VIII, 3e partie, trad. fr. A. Diès, Paris, Les Belles Lettres, 2011, p. 376, 259e6.

structures que nous lui prêtons. Nous filtrons la réalité à la lumière de nos intérêts fondés biologiquement. Les traces d'information que nous laissons en ligne par la communication, les *homepages*, les réseaux sociaux, les maisons et les villes connectées, produisent des modèles. Ces modèles peuvent être étudiés par une sur-intelligence artificielle qui pourrait ainsi arriver à la conclusion rationnelle que les hommes sont voués à leur propre destruction. Si vous regardez toute la colère qui est en ligne, toute la couverture médiatique de l'horreur de l'existence, vous pouvez facilement arriver à la conclusion que la vie humaine est misérable et préoccupée par la destruction d'elle-même. Une sur-intelligence artificielle pourra même essayer de nous aider dans notre destruction de nous-mêmes.

Le danger repose dans le type d'informations que nous sauvegardons et que nous rendons disponibles à l'exploitation algorithmique des données. L'être humain est le problème et la solution aux dangers que nous affrontons actuellement, y compris à ceux de la catastrophe climatique imminente, de la guerre civile en Syrie, de l'inégalité économique brutale, etc. Je terminerai avec une phrase célèbre de Sophocle :

> « Combien de terreurs ! Rien n'est plus terrifiant
> Que l'homme [1] ».

---

1. Sophocle, *Antigone*, trad. fr. J. et M. Bollack, Paris, Minuit, 1999, 332-333, p. 29.

Remerciements [1]

Le présent ouvrage contient les textes révisés des conférences données à différentes occasions, entre 2013 et 2018, dans les universités de Strasbourg, Paris I Panthéon-Sorbonne, Paris-Sorbonne, Paris Descartes et l'EHESS. Je souhaiterais remercier à cet égard les institutions et les personnes qui ont rendu possible la publication de ces textes sous le format d'une série de propos. Tout d'abord, j'adresse mes remerciements à la fondation Alexander von Humboldt. Cet ouvrage est le fruit de mon premier séjour de recherche à Paris en tant que boursier du programme Feodor Lynen. Ensuite, je souhaite exprimer ma gratitude envers mes collègues de l'UFR de philosophie de l'université Paris 1 Panthéon-Sorbonne, qui m'ont sollicité à titre de « professeur invité » en février 2017. Je les remercie par la même occasion de m'avoir à nouveau invité pour le mois de mars 2018. J'ai indiqué à chaque début de chapitre le sujet du colloque dans lequel les différents textes ont été initialement présentés.

Je remercie aussi le CNRS, le président de Paris 1, Georges Haddad, et le recteur de mon université, Michael Hoch, pour leur soutien du Laboratoire international associé « Centre de Recherches sur les Nouveaux Réalismes » (CRNR). En effet, ce livre est la première publication dans ce nouveau cadre international qui essaye de créer un nouvel espace philosophique en Europe à partir de la philosophie contemporaine en France et en Allemagne. Ce livre est, donc, aussi un symbole de l'amitié entre nos deux cultures de réflexion philosophiques.

Je me dois également de remercier le Freiburg Institute for Advanced Study (FRIAS), dans lequel je suis intervenu, durant l'année scolaire 2013-2014, à titre de Senior External Fellow afin de travailler sur le projet d'un nouveau réalisme. J'ai maintenu depuis le contact avec Strasbourg, d'où est issue la présente version du premier chapitre.

1. Traduit de l'allemand par R. Le Doaré.

Je remercie évidemment mon *alma mater*, l'Université Rhénane Frédéric-Guillaume, ainsi que mes collègues de l'Internationales Zentrum für Philosophie pour les différents soutiens apportés à mes recherches et à mes activités à l'international. C'est ainsi qu'a récemment été institué un centre de recherche bi-national financé par le CNRS ayant pour sujet « les nouveaux réalismes », qui rassemble Paris I et l'Internationales Zentrum für Philosophie autour d'un ensemble de problématiques communes. L'objectif est de sortir des sentiers battus de la philosophie du XXe siècle pour développer une forme de philosophie contemporaine européenne. À l'image de toute pensée qui s'efforce de se saisir elle-même, cette philosophie prétend malgré tout être universelle et s'étend au-delà de l'idée d'une philosophie comme produit profondément régional. Elle est toutefois liée à des conditions régionales d'émergence ainsi qu'à un contexte institutionnel qui permettent de repenser les cheminements de la pensée à nouveaux frais.

Après le désastre intellectuel et socio-politique de la postmodernité, cette nécessité se fait cruellement ressentir. De nos jours, il nous est à nouveau rappelé que la raison n'est en aucun cas perçue comme source naturelle de l'autorité et de la normativité. Jamais la modernité ne s'est imposée à grande échelle. Jusqu'à présent, la globalisation n'a pas été le projet d'une époque moderne pour tous, pas même en Europe. Il y a pour cette raison beaucoup de résistances, notamment issues de vieux reliquats de la religion et de folklores nationalistes. D'un point de vue philosophique, ces résistances n'ont pas d'autre équivalent qu'un contresens. Elles ne disparaissent pas pour autant. La critique philosophique de l'idéologie, que le nouveau réalisme exerce également, n'est qu'une force sociale indirecte. Nous pouvons seulement espérer que le tournant réaliste reflète un processus historique nous menant à l'idée que les questions sociales ne doivent dépendre de rien d'arbitraire. La réalité est aussi ce sur quoi les négociations ne peuvent pas porter. Nous ne pouvons proposer les changements souhaitables que si nous respectons la perspective selon laquelle on ne peut modifier tout et n'importe quoi et pouvons parler ou penser différemment. C'est pourquoi j'adresse mes plus sincères remerciements aux institutions académiques qui se rattachent aux Lumières et aux idéaux correctement compris de la Révolution française. Il y a énormément de personnes sans lesquelles ce livre, tout comme la tournure que prend ma pensée, n'aurait pas été possible. Je souhaiterais tout d'abord remercier Jocelyn Benoist, qui a proposé ce livre à Denis Arnaud et aux éditions Vrin. Il n'y a pas de meilleure maison d'édition pour ce livre issu de l'amitié philosophique franco-allemande. Je remercie ensuite Denis Arnaud, qui a accepté immédiatement et nous a convié à un dîner mémorable. J'adresse par la même occasion mes remerciements au philosophe transfrontalier David Zapero, avec lequel j'ai eu, à Paris comme à Bonn, de nombreuses discussions philosophiques substantielles pouvant conduire à des questionnements auxquels Jocelyn Benoist et moi-même ne sommes pas étrangers. David est par ailleurs le premier à m'avoir initié aux travaux de Charles Travis, dont la lecture de Jocelyn ne pourra que mieux m'en faire apprécier la portée à l'égard du nouveau réalisme.

Le séminaire sur Frege du semestre d'été 2017 organisé à l'université de Bonn, auquel ont participé Charles Travis, Jocelyn Benoist et moi-même, m'a aussi été particulièrement bénéfique.

J'aimerais en outre remercier chaleureusement Sandra Laugier qui m'a fortement recommandé une séduisante variante contextualiste et morale du réalisme, et qui m'a inspiré deux des interventions qui figurent à présent dans ce livre sous une forme textuelle adaptée. Les discussions que nous avons eues à propos de Quine et de Wittgenstein ainsi que ses exigences précises par rapport à la notion d'« esprit », dont je traiterai par la suite, ont apporté une clarté certaine à ma pensée.

James Conant ne saurait être oublié de ces remerciements. Depuis 2011, nos échanges à Bonn et Chicago m'ont rendu plus sensible à certaines subtilités qui résultaient du débat issu de la thèse de McDowell dans *Mind and World*. James a par ailleurs vivement contribué aux formats de discussion ci-présents par les relations qu'il a établies avec les personnes mentionnées plus haut.

Je dois notamment remercier Paul Boghossian et Quentin Meillassoux qui, au travers de leurs écrits et au cours de nos discussions (qui se poursuivent, dans le cas de Paul, depuis plus de dix ans) ont contribué à me montrer clairement que la facticité dans toute attitude susceptible de nous mettre en prise avec les faits est inéluctable. Nous sommes en prise avec la réalité. Aucune médiation (transcendantalement raffinée) ne saurait perfectionner ce rapport ; il s'agit au contraire de comprendre plus précisément la modalité qui nous met immédiatement en prise avec la réalité. Notre pensée ne s'y applique pas depuis une position externe. Dans la mesure où nous pensons, nous nous trouvons déjà dans le domaine que notre pensée tente d'appréhender – ce point est particulièrement virulent pour toute théorie de la perception.

Je me dois également de mentionner ici Thomas Nagel et John Searle, desquels sont issues les difficultés que j'ai aujourd'hui ne serait-ce qu'à comprendre comment le non-sens constructiviste a pu s'étendre. De nos jours, il n'est pas seulement répandu en philosophie de l'esprit et en sciences sociales, mais malheureusement aussi dans tous les domaines scientifiques. Au cours d'interventions détaillées à New York, Berkeley et Bonn, Tom et John, chacun à leur manière, m'ont amené à accorder de moins en moins de sympathie et de patience aux subtilités rhétoriques – inutiles parce qu'égarantes – qui ont conduit à s'en prendre à la réalité de la raison au nom d'un prétendu post-modernisme.

Enfin, je tiens évidemment à adresser mes remerciements, et non des moindres, à Maurizio Ferraris, l'un de mes compagnons de route. Il est bien connu, dans le climat actuel de la philosophie contemporaine, que le titre de « nouveau réalisme » provient d'un déjeuner partagé à Naples. La parution du *Manifeste du nouveau réalisme* de Maurizio tout comme les innombrables conférences qui s'en sont suivies dans le monde entier ont fait entrer, depuis maintenant plus de cinq ans, le nouveau réalisme dans l'institution philosophique. En tout état de cause, cela corrobore en partie la thèse de la documentalité de Maurizio, sur laquelle je vais me pencher longuement dans le cadre de mon projet sur les « fictions ». Je m'y consacrerai dans les années à venir en travaillant plus particulièrement à Paris.

J'ai sensiblement bénéficié du Workshop à propos de *Fields of Sense* et de *Sinn und Existenz*, qui s'est tenu le 29 mars 2017 dans le cadre de l'Institut des Sciences de la Communication du CNRS. Je remercie tous les intervenants et intervenantes pour leurs pertinentes questions et objections qui m'ont beaucoup apporté. Je leur exprime ma gratitude dans l'ordre de leur intervention : Jocelyn Benoist, David Zapero Maier, Louis Morelle, Jim Gabaret, Alexandre Couture-Mingheras, Sandra Laugier, Raoul Moati, Manuel Leval-Duché, Enrico Terrone, Florencia Di Rocco Valdecantos, Alexis Anne-Braun et Quentin Meillassoux. La complexité de la discussion qui s'est engagée à l'issue de cette intense journée ne me permet pas de répondre en détail à toutes ces questions. Certains points décisifs seront toutefois pris en compte dans l'introduction, même si l'exhaustivité ne sera pas ici de mise. Ce n'est pas grave. Notre situation, en tant que philosophes, qui nous unit à une infinie prolifération de sens qu'il nous est impossible de totaliser, doit être davantage considérée comme une preuve de liberté. Cela ne veut bien sûr pas dire que nous ne pouvons atteindre la réalité. Nous nous situons au contraire précisément sur le plan de la réalité, de celle qui ne peut être achevée, comme tout objet sur lequel des énoncés pourvus de sens peuvent être formulés. La philosophie est aussi quelque chose qui *est*, une réalité irréductible, et non pas un voile éthéré qui hanterait l'étant tel le néant du sophiste, comme nous devrions tous le savoir depuis le *Sophiste* de Platon.

TABLE DES MATIÈRES

Achevé d'imprimer en janvier 2020 par *La Manufacture - Imprimeur* – 52200 Langres
Imprimé en France – N° d'imprimeur : 200006 – Dépôt légal : janvier 2020